KB272885

일본어 표현과 어법

일 본 어 바로알기

내일을여는지식 / 어문 9

일본어 표현과 어법

일 본 어 바로알기

김원호 지음

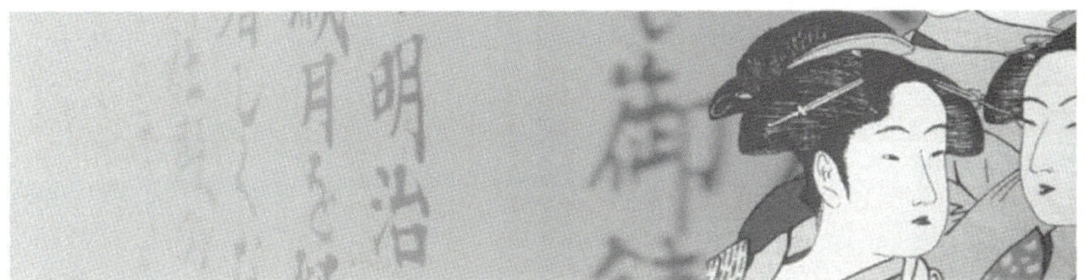

KSI 한국학술정보㈜

  제2외국어로서 일본어를 가르치고 연구한 지 어언 강산이 3번이
나 바뀐 세월을 보내고 있다. 강사 시절부터 지금까지 일본어의 강
의 내용은 쉬운 입문과정에서부터 어려운 전공어학까지 폭넓게 걸
쳐있다.

  강단에 서면 어느 선생님이든 학생들로부터 질문은 받기 마련이
다. 거기에는 아주 상식적이고 기초적인 질문에서부터 아주 어렵고
애매모호한 고급수준의 것까지 다양하다. 학생들로부터 많은 질문
을 받은 날이면 그날의 강의가 충실한 것이 아닌가 스스로 평가를
하곤 한다. 저자는 저자 스스로 그날의 강의가 흡족했던 일은 별
로 없었지만 기초적인 강의를 하면서도 늘 준비는 철저히 하였으
며 열정적으로 강의했던 것 같다. 한편으로는 학생들이 실시하는
강의 평가에도 귀 기울이면서 최선을 다해왔던 것 같다. 기축년(己
丑年) 새해에 들어와 문득 저자는 지나간 긴 세월을 생각하면서
한번 넋두리를 해 본다…….

  먼저 본 연구서는 저자의 박사학위 논문을 저본으로 하여 수정
보완한 것임을 밝혀둔다. 그리고 서명을 「일본어의 표현과 어법」

으로 명명하여 발간하지만 이것은 반드시 광의(広義)의 일본어 표현을 일컫는 것은 아니다. 그중에서 일본어의 단정표현(断定表現)과 추량표현(推量表現)에 한정된 내용이라 말하고 싶다. 그리고 본서의 원고 자체는 오래 전부터 준비해 온 것이지만 그중에는 유사한 내용을 발표한 적도 있음을 본서에서 밝혀둔다. 또한 본 연구서는 표현론·의미론 분야에서 저자 나름대로 심혈을 기울인 연구라 생각하고 싶고, 또한 신선하고 독창적인 연구의 결과라고 생각하고 싶다. 그래서 새로운 일본어의 어학(語学) 분야를 연구함에 있어서, 저자는 평상시 쌓아 온 연구업적을 정리하여 언젠가 단행본으로 출판하고 싶은 마음이 있었다. 그러던 차에 한국학술정보(주)의 권유도 있었고 더욱이 하나의 소중한 신지식을 많은 사람들과 함께 공유한다는 마음으로 이번에 세상에 내놓게 되었다.

일본어 표현에는 여러 가지 표현방식이 있다.『吾輩は猫である』(나는 고양이로소이다)라는 나츠메소오세키(夏目漱石)의 유명한 소설이 있음을 누구든지 알고 있다. 이 소설의 제목에「である」라는 단정(断定)을 나타내고 있는 표현이 사용된 것이 눈에 띄는데 이것 이외에「だ」「です」「であります」「でございます」등 소위 단정표현(断定表現)이라는 것이 있다.

먼저「だ」표현에 대해서 살펴보기로 하자. 이 표현은 어떤 대상을 테마로 정했을 때 그것에 대한 긍정적인 판단을 나타내며, 또한「aは bだ」라는 문에서 a와 b는 동등한 관계에 있음을 보여준다. 뿐만 아니라 그 자신이 서술성이 없는 체언에 접속하여 그 전체가 서술성을 제공하는 역할을 하는 것으로 보아 형용동사의 어미와 별로 다르지 않다. 또한「である」「です」와 비교해 볼 때, 문체의 차이를 제외하고는 그 어성이 동일하다. 그러나 회화문에서는 조략하게 느껴지는 말이며 동년배 사이에 사용되는 흔한 화법인 것이다. 동시에 주관적인 색채가 강하고 정의적(情意的)인 표현이어서 단정적으로 강하게 느껴지게 된다. 이와는 달리 「である」는 문장어로 사용되며 사실과 사실로 기술되는 객관적 서술표현이기 때문에 회화문 속에 사용되면 부자연스럽게 들리게 된다.

그리고 「です」는 회화문에서 정중한 표현으로 대인관계를 부드럽게 하는 경어표현으로 「だ」에 비해 객관적이고 「である」에 비해서는 주관적인 어성을 가진 말이라고 볼 수 있다.

이러한 단정표현에 반하여 다음과 같은 추량표현(推量表現)에 대해서도 살펴보기로 하자. 「夜中に雨が降ったらしく、地面がぬれています。」(밤중에 비가 온 듯 땅이 젖어 있어요.)의 「らしい」와 같이 화자가 어떤 화제거리에 대하여 불확실한 판단이나 상상의 형태로 서술하는 표현이다. 소위 추량(推量)이라는 표현이 있다. 이 표현은 불확실한 판단이나 상상 속의 사실을 화자의 상상으로 나타내고 미래, 현재, 과거, 가상 등 시제에 구애되지 않으면서 나타나는 표현이다. 일본어에서는 이와 같이 「らしい」를 위시하여 「ようだ」「そうだ」, 「う」「まい」「だろう」「かもしれない」「にちがいない」 등 다양하다.

하나하나의 표현을 살펴보면, 조동사 「ようだ」와 「らしい」는 모두 불확실한 단정을 나타내는 공통의 의미를 갖고 있음과 동시에 전혀 상이한 의미도 많이 갖고 있다. 「ようだ」는 직유나 예시의 용법에는 다소나마 화자의 주체적인 판단이 인정되지만 진술적인 면은 거의 인정되지 않는다. 문말의 술어에 붙어서 사용되며 매우 불확정적이면서 그 장면의 상황을 하나의 상태로 받아들이는 표현주체의 판단이 내재되어 있다고 볼 수 있다. 「ようだ」와 「らしい」
는 판단근거가 주·객관적입장과 발화주체와 심리적 거리 면에서
각각의 차이가 인정된다고 본다.

조동사 「そうだ」는 그 어성과 의미용법 그리고 표현성으로 보아
양태(樣態)와 전문(伝聞)으로 구분할 수 있는 것은 주지의 사실이
다. 이것은 어디까지나 화자의 추량도(度)의 관점에서 볼 때 확실한
차이를 발견할 수 있고 양태의 「そうだ」와 「ようだ」는 상당히 닮
아 있어 애매모호한 점이 많이 있다. 양태의 「そうだ」는 시각적이
며 시제적(時制的)으로 미연(未然)의 상태에서 표현된다고 보며 「よ
うだ」는 미각적(味覚的) 또는 감각적이며 시제로는 기연(既然)의 상
태에서 설정된다고 본다.

더욱이 일본어문에서 문말 술어 중 최하위에만 위치하는 「う」「ま
い」「だろう」는 그 어성이 다른 조동사와 달리 불변화성 활용을 갖
고 있는 것이 독특하다. 즉 이 말들은 모두 문말 술어에만 첨가되
며, 그 자체에 어형변화가 없고 소재적(素材的)인 내용을 포함하며
뒤에는 종조사 밖에 접속하지 않는 것이다. 이와 같은 용법상의
특징으로 보아 표현주체가 그때그때의 주체적인 판단, 즉 진술성을
가장 강하게 나타내는 말이라 할 수 있으며 이러한 점에서 종조사
에 매우 가까운 성질을 가지고 있다고 본다.

또한 「ましょう」와 「でしょう」는 하나의 말로서 사용될 뿐 아니라
독립성이 강하며 「と思う」에 상당하는 의미를 갖는다. 그 어성 및
표현성의 차이로 보아 확실히 구분 사용되고 있다. 이 말은 「う」에 대
한 구어체로 현대어에서 높은 빈도를 보여 주고 있음을 알 수 있다.

그리고 「かもしれない」와 「にちがいない」에 대해서 보면 조동사

용법에서 표현의 주체적인 판단을 직접 나타내는 작용 즉 진술적
인 기능이 있으며, 그 기능이 다른 품사와 구별할 수 있는 기준으
로 생각한다면, 종래 하나의 품사로 인정하지 않았던 이러한 연어
형식(連語形式)도 조동사와 같은 부류로 취급할 수 있다고 본다.
이와 같은 조동사류는 확실히 구분되는 추량의 표현이다. 그 차이는
호응하는 진술부사에 의하여 나타나는데「かもしれない」는「ひょっ
として」등 우연성이 큰 부사와 호응하며,「にちがいない」는「た
しかに」등 확신성이 큰 부사와 호응하는 것을 발견할 수 있다.

　전반적으로 보아 위와 같은 조동사가 위치하는 곳은 진술성이 강
한 것일수록 용법에 제한이 많고 문말의 술어에 첨가되어 사용되는
경향이 많다. 다시 말하면, 연체수식구(連体修飾句) 중에서도 자유
롭게 사용되는 조동사일수록 진술성이 약하다고 보는 것이다. 연체
수식구는 피수식어인 체언에 한정하는 것이기 때문에, 거기에 사용
되는 조동사는 어떠한 종류의 주체적인 판단이 내재되어 있다 하
더라도 그것을 개념화하여 거기에 맞는 성질, 상태, 조건으로 받아
들이게 되는 것이다. 그러한 점으로 보아 문말의 술어에 첨가되어
소재(素材)에 대한 표현주체의 판단을 나타내려고 하는 것과는 사
뭇 다르다고 할 수 있다.

　활용면에서 판단해보면, 진술성이 약하고 위치상 제약이 적은
조동사는 활발한 활용을 한다고 보며 문말 쪽으로 사용되는 것일수
록 활용은 활발하지 못하다고 본다. 이러한 점에서「う」「まい」「だろ
う」는 활용이 없다고 단정해도 좋을 것이다.

　일본어문(文)은 화제의 대상을 객관적으로 표현하는 부분과 그것
을 소재(素材)로 해서 화자의 견해나 태도를 주관적으로 표현하고

상대에게 작용하게 하는 부분으로 이루어져 있다. 다시 말하면, 문에 있어서 주체가 표시하는 의미내용이 표현의 재료로서 제시되는 소재적인 면과, 재료에 대한 표현주체의 태도, 즉 진술(陳述)에 관계되는 면으로 양분된다. 일본어문에서 조동사는 후자에 밀접한 관계가 있다고 본다.

일본어문에서 진술이 존재하는 곳은 대체로 조동사와 종조사(終助詞)에 있다고 생각하며, 이러한 근거에서 본서에서의 「조동사」는 하나의 「단어」로 인정하기로 하고 학교 문법에서 다루고 있는 「조동사」의 범주에 중점을 두고 설명하기로 한다.

언어학에서 말하는 소위 무드(ム－ド)형식은 일본어의 「だ」「である」「です」「でございます」「ようだ」「らしい」「そうだ」「う」「まい」「だろう」 등과 같이 문말(文末) 술어에 의해 성립되고 있는 것을 보면, 이러한 표현은 어론(語論)에서부터 표현성에 이르기까지 검토해야 할 것이 많이 있다고 본다.

이상과 같은 전반적인 이론과 각 어휘의 특성을 바탕으로 「断定表現」과 「推量表現」 두 가지 표현을 심도 있게 분석해보는 것이야말로 의의 있는 연구라 생각한다.

본서의 출간에 즈음하여 많은 도움을 준 한국학술정보(주)의 모든 분들 그리고 교정 작업에 큰 수고를 한 제자들, 마지막으로 사랑하는 가족들에게도 고마움을 보낸다.

2009년 2월 9일 정월 대보름
무거동 연구실에서　저자

1. 〈본서의 구성〉

본서의 구성은 다음의 <목차>와 같이 3장으로 되어있으며 2장, 3장은 각각 9절로 되어 있다.

2. 〈참고문헌〉

본서의 마지막에 있는 <참고문헌>은 연구자를 위하여 「사전」, 「단행본·논문·학술잡지」로 구분하였고 가능한 한 발행일자 순으로 배열해 두어 연구에 편리를 도모하였다.

3. 〈색인〉

마지막 부분에 한국어와 일본어의 <색인>란을 별도 설정하여, 해당 어휘 및 의미·표현에 관한 사항을 찾아보기 쉽도록 최대한 배려하였다.

4. 〈연구 범위〉

본서의 <연구 범위>는 다음과 같이 정하여 기술하기로 한다.
(1) 먼저 언어학상 일본어의 「단정표현」과 「추량표현」에 대하여 어떠한 정의를 내리고 있는지 그 이론을 규명해 본다.
(2) 이 두 가지 표현의 「유의어」에는 어떤 형식이 있는지 조사해보기로 한다.

(3) 그리고 「단어」라는 개념은 무엇이며, 일본어문에서의 소위 「진술」
은 어느 부분에 내재되어 있는지 생각해보기로 한다. 본서에서의
「단어」 연구는 「조동사」를 하나의 단어로 인정하기로 하며 학교
문법에서 다루고 있는 「조동사의 범주」에 중점을 두면서 기술하
기로 한다.

(4) 「단정」의 표현인 「だ」「である」「です」「であります」「でございます
」와 「추량」의 표현인 「ようだ」「らしい」「そうだ」「う」「まい」「だ
ろう」「かもしれない」「にちがいない」에 한정하여 기술하기로 한
다.

(5) 다음의 <용례조사문헌>에서 나타난 두 가지 표현의 모습이 어
떤지 분석해 보기로 한다.

5. 〈본서의 용례조사 문헌〉

본서에 사용한 용례문은 다음의 <용례조사문헌>에 있는 『現代日本
文学』과 『月刊 言語生活』에 실려 있는 「録音器欄」의 용례문를 들어
분석하기로 한다. 그리고 표현의 상황 및 정확한 의미설정을 위하여
다른 문헌에서도 참고하기로 한다.

〈용례조사문헌〉

Ⅰ. 『現代日本文学』, 雨の日文庫, **1969 – 1971**, 麦書房

　　文庫4集　1 – 10巻(昭和　戦中・戦後　編)

　　　5集　1 – 10巻(昭和　戦前　編)

　　　6集　1 – 10巻(大正　編)

(昭和　戦中・戦後　編)　　　〈약어〉

第4集	1巻	伊藤整	『青い鳥』	(青, 4 – 1)[1]
	2	壷井栄	『村のクラス会初旅』	(村, 4 – 2)
	3	国分一太郎	『ナンバン粉』	(ナン, 4 – 3)
			『ゲンダイブリ』	(ゲン, 4 – 3)
	4	由起しげ子	『女中ッ子』	(女中, 4 – 4)
	5	余寧金之助	『郵便机』	(郵, 4 – 5)
	6	野間宏	『夜の脱柵』	(夜, 4 – 6)
	7	大岡昇平	『ふ虜記』	(ふ, 4 – 7)
	8	長谷川四郎	『鶴』	(鶴, 4 – 8)
	9	島尾敏雄	『出発は遂に訪れず』	(出, 4 – 9)
	10	田宮虎彦	『絵本』	(絵, 4 – 10)

---

1) 본서에 사용된 용례문이 文庫 4集 1巻 『青い鳥』 7쪽에 소재한 것이라면 출전의 약어를 (青, 4-1-7)과 같이 표시하기로 한다.

(昭和　戦前　編)

第5集	1巻	葉山嘉樹	『セメント樽の中の手紙』	(セメ, 5－1)
		小林多喜二	『人を殺す犬』	(人, 5－1)
		黒島伝治	『電報』	(電, 5－1)
		山内謙吾	『線路工夫』	(線, 5－1)
	2	横光利一	『蠅』	(蠅, 5－2)
			『天城』	(天, 5－2)
		川端康成	『雨傘』	(雨, 5－2)
	3	梶井基次郎	『城のある町にて』	(城, 5－3)
	4	牧野信一	『村のストア派』	(村, 5－4)
		坂口安吾	『風博士』	(風, 5－4)
	5	林芙美子	『風琴と魚の町』	(風琴, 5－5)
	6	佐多稲子	『一袋の駄菓子』	(一袋, 5－6)
	7	壷井栄	『大根の葉』	(大, 5－7)
	8	嘉村　義多	『途上』	(途, 5－8)
	9	武田麟太郎	『雪の話』	(雪, 5－9)
		島木健作	『蒲団』	(蒲, 5－9)
	10	本庄陸男	『白い壁』	(白, 5－10)

(大正　編)

第6集	1巻	夏目漱石	『夢十夜』	(夢, 6－1)
			『変な音』	(変, 6－1)
			『クレイグ先生』	(クレ, 6－1)
	2	森鴎外	『阿部一族』	(阿, 6－2)
	3	島崎藤村	『ある女の生涯』	(ある女, 6－3)
	4	志賀直哉	『十一月三日午後の事』	(十一月, 6－4)
		武者小路実篤	『土地』	(土, 6－4)
	5	有島武郎	『生まれいずる悩み』	(生まれ, 6－5)
	6	野上弥生子	『母親の通信』	(母, 6－6)

7	芥川龍之介	『河童』	(河, 6−7)
8	菊地寛	『忠直卿行狀記』	(忠, 6−8)
9	田山花袋	『トコヨゴヨミ』	(トコ, 6−9)
	葛西善蔵	『哀しき父』	(哀, 6−9)
10	豊島与志雄	『電車停留場』	(電, 6−10)
	広津和郎	『指』	(指, 6−10)

Ⅱ. 国立国語研究所 監修, 「録音器欄」2), 『月刊 言語生活』,
　　筑摩書房, 1호(1951.10월, 창간호)~100호(1960.1월)〕　　　(録)

---

2) 『月刊 言語生活』잡지는 지금은 발행되고 있지 않다. 이 잡지의 「録音器欄」을 취급한 것은, 이 난의 편집목적이 「生きたことばを忠実に文字化したもの」이어서 구어표현연구에 유용할 것으로 판단했기 때문이다. 이 난의 자료는 国立国語研究所의 所員이 오래 동안 다양한 화제의 현장에서 녹음기를 숨긴 채 채집하여 문자화한 것이다. 실제의 음과는 똑같지는 않지만 거기에 최대한 가깝게 문자화한 언어기록이기 때문에 독자가 발화 장면을 상상해 보면, 실제음이라 생각해도 지장 없을 정도로 자연스럽게 수용되며, 대체적으로 文의 파손이나 혼란이 많이 보이지만 자연스럽게 文의 의미가 성립된다고 본다. 상세한 것은 저자의 논문(「お~になる」型と「れる」型敬語考, 日本学報 25집, 1990.11, pp.280~284)을 참조바람.

제1장 조동사의 인정과 진술(陳述)

일본어의 어법을 보면, 보통 10개의 품사로 이야기하고 있다. 그중 소위 부속어(付属語)라고 하는 조동사를 「単語」로 인정하느냐에 대하여 생각해보기로 한다. 여기서 「単語」의 연구에 대해서는 언어 연구에 있어서 매우 어려운 대상임에 틀림없다고 본다. 저자의 생각으로는 「単語」란 언어단위의 하나이며 그것만으로 하나의 정리된 의미를 갖고 있는 언어단위 중에서 가장 최소의 것이라 생각한다. 「単語」는 단순히 「語」로 부르는 경우가 많고 「単語」와 「語」를 구별하여 사용하는 사람도 있지만 단순히 「語」라 하면 한국어·일본어 등의 언어라는 의미로 사용되는 경우와 혼동되기 쉽기 때문에 문법론상의 단위로서 「単語」라는 술어를 사용한다고 본다. 이와 같이 「単語」와 「語」는 본질적으로 차이가 없는 것이 일반적인 생각이다.

「単語」는 문(文)을 분해해서 얻을 수 있다고 본다. 그러나 문을 의미에 따라 세분하여 그것을 얻을 수 있는지는 단정할 수 없다. 예를 들면, 「初恋」이라는 말은 보통 단어로 생각할 수 있지만 의미적으로는 더욱 작은 「初」, 「恋」으로 분해되어 하나의 정리된 의미로 분리될 수 있다. 그렇다면 「初恋」이라는 복합어는 「単語」로 인정할 수 없으며 현실의 언어 주체의식과 모순되는 것이다. 이것은 의미로서 단어를 규정했기 때문이며, 橋本(1934)과 같이 「一語は常に一続きに発音される」[3]로 규정하게 되면 복합어도 단어로 인정된다.

그러면 조사·조동사류를 단어로 인정하느냐 안 하느냐의 근본
적인 문제점이 있다고 보는데, 단어는 항상 하나로 연결되어 발음
된다 하더라도 이것은 조사·조동사류는 해당되지 않을 것이다.
여기에 대해서 橋本도「他の語と共に一続きに発音せられるものも
ある」[4]라 하여 설명을 보태고 있다. 이렇게 되면 조사·조동사류
와 접미사는 어떻게 구별하는가가 문제가 된다. 단어의 인정에 대
해서 일본어의 단어는 문의 성분과 형태소적인 것에 대해 경계선
이 분명치 않다는 阪倉(1974)의 이론에[5] 단어 인정에 관한 문제점
이 부각된다. 문법론의 단위로서 생각하면, 단어를 문의 정의에서
부터 시작하여 구문론적인 관점에서 생각할 필요도 있고, 형태론적
관점에서도 생각을 달리할 필요가 있을 것이다.

그래서「単語」에 대한 정의가 어떠한지 제가(諸家)의 학설을 분
석해보기로 하자.

먼저 山田(1936)은「語」와「単語」는 다른 의미로 사용되고 있다.
「語」는「談話文章を構成する第一次的要素たるを失はざることを以
て分解の極限とすべく、その極限に達したるものなり」[6]로 규정하
고 그「語」속에는「単語」및「合成語」(소위 복합어)가 있다고
설명한다. 즉「単語」는 복합어에 대한 단순어의 의미로 사용되고
있는 것이다.

橋本은「文節は更に意味を有する言語単位に分解する事が出来る」[7]

---

3) 橋本B(1934), 国語法要説, pp.13-14

4) 橋本B(1934), 상동, pp.13-14

5) 阪倉(1974), 単語とはなにか, 日本文法の話, pp.106-113

6) 山田(1936), 日本文法学概論, pp.31

7) 橋本B(1934), 상동, pp.8-9

라고 하여 「単語」를 문절 구성의 요소로서 규정하고 발음 및 악센트 등의 형태적 특질에 대해서 설명하고 있다.

橋本의 어론(語論)은 조동사와 접미사의 본질적인 구별이 확실치 않다. 그것은 단어를 자립어와 부속어로 나누어서 설명하는데, 즉 자립하여 사용할 수 있는 단어와 다른 말에 부속됨으로써 사용할 수 있는 단어로 나누어 품사를 분류했기 때문이다. 다시 말하면 소위 조동사는 반드시 동사 아래에 부속한다는 것이다. 또는 접미사 「めく」「がる」 등도 「春めく」「かわいがる」 등과 같이 반드시 다른 말밑에 접속하고 조동사도 접미사도 활용을 갖고 있다고 보는 것이다. 그래서 부속어라는 관점으로부터는 이 두 가지를 구별할 수 없다고 설명하고 있다.

山田, 橋本에 있어서의 「単語」(혹은 「語」)는 분해결과 얻을 수 있는 것에 비해서, 時枝(1950)는 「語」라는 것을 분석하기 이전 언어주체 의식 속에 있는 것이라고 생각한다. 게다가 독자적인 언어과정설에 의하여 「語」를 「思想内容が一回過程によって成立する言語表現である」[8]로 설명하고 있다. 그러나 어떤 말이 1회 과정의 말이고 2회 과정의 말인지 언어의 사회적 측면을 생각하면 時枝의 설명에는 문제점이 많다고 본다. 그렇지만 時枝는 조동사와 접미사를 분명히 하고 있는데 그것은 자립, 부속이라는 형식상의 특징에 의하여 품사를 분류하지 않고 전혀 다른 원칙에 의하여 분류를 했던 것이다. 즉 「単語」를 개념과정을 포함하는 형식을 사(詞)로 하고, 개념과정을 포함하지 않은 형식을 사(辞)로 하여 양분했기 때문이다.

---

8) 時枝(1950), 日本文法 口語篇, pp.50

이외 渡辺(1976)은 종래 단어를 규정하는 경우에 형태, 의의의 두 가지 측면만 생각하고 있었지만 여기에 하나 더 구문적 기능이라는 관점을 추가하여 단어를 형태, 의의, 직능적 최소단위로 규정해야 한다고 서술하고 있어 관점이 다르다고 할 수 있다.[9]

본서에서는 연구대상 어휘인 「助動詞」를 하나의 「単語」로 인정하기로 하고 학교 문법에서 다루고 있는 조동사의 범주에 중점을 두고 분석에 임하기로 한다.

그러면 단어의 측면에서 벗어나 문에 있어서 조동사의 진술(陳述)기능을 생각해보기로 하자.

일본어문 구조는 두 가지 측면으로 볼 수 있다. 하나는 그 문에서 표현되는 객관적인 사항에 대응하는 측면이고 또 하나는 거기에 대한 언어주체의 태도에 대한 측면이다.

예를 들면, 「あのサッカーチームは今会も優勝したそうだ。」라는 문을 「あのサッカーチームは今会も優勝した」(素材), 「そうだ」(話者의 伝聞)와 같이 두 가지 측면을 생각할 수 있다. 그런데 일본어에 있어서 문(文)의 진술(陳述)은 도대체 어느 부분에 포함되어 있는지 궁금하다. 여기에 대해서는 여러 가지 학설이 제시되고 있어서 기술하기 어렵지만 간단히 제가(諸家)의 설(説)을 보도록 한다.

山田(1936)은 하나의 사상에는 반드시 하나의 통합작용 즉 통각작용(統覚作用)이 있으며, 문은 이 통각작용에 의해서 통합된 사상의 언어적 표현이라고 서술하고 있다.[10] 문의 요소로서 통각작용 및 진술(陳述)이라는 개념을 생각한 것이다. 山田(1936)은 일찍이

---

9) 渡辺(1976), 品詞分類, 岩波講座日本語6, pp.90～96
10) 山田(1936), 상동, pp.31～32

진술이라는 용어를 사용하고 있는데 그것은 논리학에서 말하는 「copula」(繫辞)의 기능과 동일하게 보고 있으며 형식용언인 존재사(存在詞) 등이 「copula」에 상당하는 것이며 진술의 기능만을 나타내고 있다고 한다. 그는 특히 진술의 소재(所在)부분에 대해서 다음과 같이 서술하고 있다.

「述格に立つべき語は主として、用言にして形容詞・動詞・存在詞の各種皆これに用いられる。用言の用言たる所以は実に陳述の能力を有する点に存するものなれば、用言の主たる性質はこの述格に立つ点に存することは明かなり」[11]로 하여 존재사를 제외하면 용언에 진술의 힘이 존재한다고 볼 수 있다.

그러나 時枝는 그 독자적인 언어이론 즉 언어과정설에 근거로 하여 「詞」와 「辞」로 구별하여 설명하고 있다.

「表現の素材を客体化し、概念化して表現する(客体的表現)語を詞と称し、概念内容が客体化されない、概念化されないで、直接的に表現する(主体的表現)語を辞と称している」[12]로 서술하고 있다. 그리고 조동사는 「常に陳述すなわち判断を表すものであり」[13] 「零記号で示される話し手の陳述………」[14]로 서술하고 있는 것으로 보아 진술의 존재를 조동사 및 조동사 상당의 영기호(零記号)에 있다고 생각하고 있다.

그리고 山田문법의 발전이라는 입장에서 이루어진 三宅(1934)의 설은 문을 음성언어면을 대상으로 하여 생각한 것이다. 즉 진술의

---

11) 山田(1936), 述格, 日本の言語学3, pp.145
12) 時枝(1950), 상동, pp.231
13) 時枝(1950), 상동, pp.216
14) 時枝(1950), 상동, pp.236

기능이 있는 어류(語類)를 「述詞」로 칭하여[15] 「動述詞·形容述詞
形式述詞 및 補助述詞·繋辞述詞·語尾述詞·語気述詞」에 속
하는 말에 그 기능이 인정된다는 것이다. 그리고 「語気述詞」에는
인토네이션도 포함되어 사용되고 있다는 것이다. 이와 같은 내용으
로 보면, 三宅의 진술소재는 넓은 범위를 차지하고 있다고 볼 수
있다.

阪倉(1974)은 사항의 표현에 화자가 이렇다 또는 '이렇지 않다'
라고 하는 판단, 혹은 질문·명령·금지·요구 등의 표현(陳述)[16]
이 보태져 그것만으로 일단 文으로 하는데 진술을 조동사, 종조사,
그 외에 용언, 진술의 부사, 계조사(係助詞)에도 있다고 했다. 그렇
다면 三宅의 설을 다분히 받아들였다고 볼 수 있다.

거기에 비해 渡辺(1953)은 文의 두 가지 측면을 「叙述」과 「陳
述」이라는 개념으로 구별했다. 「叙述」은 사상이나 사항을 표현하
려고 하는 화자의 운용으로 서술내용의 구성요소인 개개의 개념을
화자가 유기적으로 결합해 나가게 함으로써 운용된다는 것이며[17], 「陳
述」은 종조사에 의해서 대표되며 언어자가 대상에 대한 주체적인
작용이라고 서술하고 있다.[18] 그렇기 때문에 「陳述」의 소재는 종
조사에 있다고 판단된다.

芳賀(1969)는 문을 통괄하고 완결하는 운용인 진술에 두 가지
종류를 인정하고 있다.[19] 즉 한 가지는 그것에 선행하여 객체적으

---

15) 三宅(1934), 述詞, 日本の言語学3, pp.151
16) 阪倉(1974), 日本文法の話, pp.49
17) 渡辺(1953), 叙述と陳述, 日本の言語学3, pp.262
18) 渡辺(1953), 叙述と陳述, 상동, pp.272
19) 芳賀(1969), 日本文法教室, pp.54-55

로 표현되는 사항내용에 대한 화자의 태도(단정, 추량, 결의, 감동, 영탄 등)인 「述定のモードウス」이며, 또 한 가지는 사항의 내용이나 화자의 태도를 청자에 대하여 제의하고 전달하는 언어표시(告知, 권유, 명령, 응답 등)인 「伝達のモードウス」라 말하고 있다. 즉 진술의 소재부분은 용언에는 없고 조동사 가운데서 「モードウスの助動詞」[20]에 있고 「ティクトウムの助動詞」[21]에는 없다는 것이다. 또한 종조사, 간투(間投)조사, 감동사에 진술기능의 존재를 인정하고 그 존재를 문성분의 필요조건으로 보고 있다.

三上(1972)은 진술과 통괄(統括)작용에 대하여, 통괄은 동사의 본령(本領)이지만 진술은 반드시 그렇지 않다고 한다. 진술 작용은 문장을 통괄하고 완결하는 화자의 「いとなみ」라는 芳賀의 논설에는 따르지만 진술을 담당하는 말은 항상 문말에 선다는 설명은 인정할 수 없다는 것이다. 또한 통괄과 진술작용은 이론적으로 구별 가능하지만 실제로는 곤란하다고 한다. 동사에 겸하는 경우가 많으며 어간이 통괄로 마감하고 활용어미에서 진술도를 보이고 있다는 것이다.[22]

金田一(1953)은 다음과 같이 서술한다. 山田이 말하는 용언의 진술 존재설이라던가 時枝가 「辞」로 인정하는 「だ」「ない」「らしい」도 실제로는 주관적인 표현이 아니고 객관적인 입장의 표현이기 때문에, 진정 진술이 소재하는 주관표현은 조동사 「う」「よう」「まい」와 「よ」「わ」「さ」와 같은 감동조사만이라는 것이다.[23] 게다가 동사

---

20) 金田一(1953)의 '不変化助動詞の本質'에서 말하는 주관적 표현의 말 (う, よう, まい, だろう) [日本の言語学 3.文法1, 1979, 大修館 所収]
21) 金田一의 '객관적 표현을 나타내는 활용형조동사'를 지칭함.
22) 三上(1972), 現代語法新説, くろしお出版社, pp.135~137

의 명령형에도 주관적 표현이 내재되어 있다고 하는데 「起きよ」를 예를 들어 「起き」가 객관표현이고 「よ」는 주관적 표현이라고 서술하고 있다.

이상과 같은 제가(諸家)의 진술설을 바탕으로 생각해볼 때, 문에서의 진술은 공통적으로 문 말미의 술어부분에 존재하고 있는 사실을 분명히 알 수 있게 된다. 각 학설에 나타난 진술의 힘을 저자 나름대로 정리해보면 다음의 <표-1>과 같이 제시할 수 있다. 결국 내성으로 판단해 볼 때, 그 공통적인 소재는 대체적으로 문 말의 술어부분에 존재하는 조동사, 종조사에 있으며 그것이 문의 진술 면에 있어서 중요한 근거가 될 수 있는 것이라 본다.

〈표-1〉 진술의 소재(所在)

진술부분 \ 제가		山田	時枝	三宅	阪倉	渡辺	芳賀	三上	金田一
용 언		○	×	○	○	×	×	△	×
조동사	객관적1)	△	○	○	○	△	×	×	×
	주관적2)	△	○	○	○	△	○	×	○
간투조사 종조사		×	×	○	○	○	○	×	○
감동사		×	×	×	△	△	○	×	×
기 타		존재사	조동사 상당의 零記號	인토네이션	진술의부사 ·係助詞			활용 어미	감동 조사· 동사의 명령형

○: 진술 有. ×: 진술 無. △: 불확실
1) 「金田一」의 変化助動詞 (た, だ, ない, らしい, ます, です, 등)
2) 「金田一」의 不変化助動詞 (まい, う, よう, だろう)

---

23) 金田一(1953), 상동, pp.214~215

그래서 본서에서는 진술의 힘이 내재되어 있는 조동사 중 단정의 표현형식인 「だ」「である」「です」「であります」「でございます」와 추량의 표현형식인 「ようだ」「らしい」「そうだ」, 「う」「まい」「だろう」, 「かもしれない」「にちがいない」에 한해서 분석하기로 한다.

제2장 단정표현(断定表現)

단정을 나타내는 「だ」에 대한 문법학자들의 어론(語論)은 다양하다.

山田(1984)은 주(主)개념과 빈(賓)개념을 분명히 하여 결합된 통일작용을 진술작용이라 하고 그 진술력이 있는 것은 용언으로 했는데 구어의 「だ」「である」「です」를 설명존재사로 취급하였다. 체언 그 자체에는 진술의 힘이 없기 때문에 「だ」 등을 접속하여 진술을 나타낸다고 하며[24] 「だ」 등은 존재라고 하는 극히 추상적인 의미를 나타내든가 아니면 거의 의미를 갖고 있지 않다는 것이다.

松下(1977)는 활용이 있는 것은 모두 서술성이 있다고 하고 또한 다른 말밑에 붙는 것을 동조사(動助辞)라 하여, 일반문법에서의 조동사와 같은 범주로 보고 있다. 그는 「だ」「です」를 단정 동조사라 했으며 「だ」「です」이외 형용동사의 활용어미인 「に」「と」도 함께 포함시켜 이론을 전개했다.[25]

橋本(1972)의 지정 「だ」는 구어의 형용동사와 같은 활용을 하고 있다고 한다. 「여러 가지 말에 붙는 것」으로서 「だ」「です」「らしい」류를 일괄하며 이런 류의 사(辞)는 여러 가지 말에 붙어, 전체가 용언과 동등한 자격을 갖게 되며, 문절구성상 용언과 똑같이 사용된다고 설명하고 있다.[26]

---

24) 山田(1984), 日本文法学概論, 宝文館, 9刷, pp.189,283,726

25) 松下(1977), 標準日本口語法, 勉誠社, 改訂, pp.138~140

또한 時枝(1950)의 語論에는 「だ」를 지정조동사로 하고 화자의 단순한 긍정판단을 나타내는 말이라 하여, 종래 조사로 취급한 「に」, 「と」(連用形), 「の」(連体形)는 진술성이 인정되기 때문에 조동사로 보는 것이 올바르다고 한다.27) 그리고 형용동사와 용언에는 진술이 없지만 조동사에 그 진술이 소재한다고 하여 영기호(零記号)로 취급하고 있다.

渡辺(1974)은 조동사를 2종 3류로 나누어 설명했는데 「だ」를 지정조동사로 하면서 상호승접(相互承接)의 원칙에서 갑종(甲種) 1류로 구분지었다. 용언에도 하접할 수 있는 갑종 조동사 중 「だ」만이 예외적으로 용언에 접속할 수 없으며, 소재(素材) 개념표시만 할 수 있는 체언에 하접하여 통서(統叙)만을 분담하는 것을 임무로 한다는 것이다.28)

그리고 佐久間(1966)은 「だ」「です」「らしい」를 일괄해서 「措定の語」로 하여, 「だ」「です」라는 말은 체언에 붙으며 주제와 설명에서의 체언, 즉 논리학에서 말하는 주사(主辞)와 빈사(賓辞)와의 사이에 관계판단이 성립되는 것을 나타내는 데 사용된다고 하여 「断定の語」로도 말하고 있다.29)

湯沢(1977)의 어론은 「だ」「です」를 지정조동사라 하여 「である」로 강하게 지정하는 의미가 있으며, 체언이나 체언에 조사가 붙은 것 또는 부사 아래에 존재하여 지정의 의미와 동시에 서술 작용을 보태는 데 사용된다고 한다.30)

---

26) 橋本(1972), 国語法研究, 岩波書店, 19刷, pp.60

27) 時枝(1950), 日本文法口語篇, 岩波書店, pp.155

28) 渡辺(1974), 国語構文論, 塙書房, 2刷, pp. 113,125

29) 佐久間(1966), 現代日本語の表現と語法, 厚生閣, pp.292

여기에 비해서 金田一(1979)은 「だ」에 대하여 형용동사와 명사를 중심으로 비교, 설명하고 있다. 활용하는 조동사 「だ」를 「静かだ」 등 형용동사 어미의 「だ」와 「日本人だ」와 같은 명사에 붙는 「だ」를 예로 들고 있다. 형용동사의 「だ」의 경우 많은 문법학자들은 판단과 단정을 나타내는 주관적 표현이라 하고 경우에 따라 객관적 사태를 표현하기도 한다. 여기에 대해서 「静かだ」의 종지형은 판단과 단정을 나타내고 있지만, 「静かに」「静かな」의 연용형 연체형은 그것을 나타내고 있지 않다고 한다. 「静かだ」는 「あるものが静かという属性をもっている」[31]라고 하는 객관적 표현에 사용되는 말로서 어간 부분이 속성(属性)을 나타내고, 「だ」부분은 서술성을 갖고 있다는 것이다.

여기에 비해서 명사접속의 「だ」의 경우[32] 「ぼくは日本人だ」라는 文에서 「ぼく」라는 사람의 국적은 어디에 속하는지를 객관적으로 서술하는 문이며, 경우에 따라 「ぼく」의 존재는 신체적 의학적 특징으로 보아 일본인이라는 대상에 적합하다는 판단 결과를 내릴 수도 있지만 이 경우 「だ」는 「～に属する」의 의미이며 일본인이라는 명사가 갖고 있는 의의와 「～に属する」라는 서술의 의의를 합한 것으로 보고 있다.[33]

결국 「だ」는 객관적 내용의 표현이며 지정의 조동사가 아니라 정적속성(静的属性)을 지닌 조동사라는 것이다.

---

30) 湯沢(1977), 口語法精説, 明治書院, pp.174~175

31) 金田一春彦(1979), "不変化助動詞の本質", 日本の言語学3, 大修館, pp.229

32) 倉持(1980)는 「私の家は文京区だ」의 文에서 「私の家」는 「私の家がある所」, 「文京区だ」는 「文京区にある」로 하여, 「だ」에 의해서 대용되고 있다고 한다. (『文法Ⅱ』, 国際交流基金, pp.76)

33) 金田一(1979), 전게서, pp.232

보통 「だ」「です」라는 말은 「指定」을 나타내는 조동사라 하는데 그 용어에 대하여 보면, 이 용어는 大槻文彦(1897)의 『広日本文典』[34]에 지정조동사라는 말 중에서 「指定」이 처음 보인다. 이 文典의 「指定」에 대한 설명에는 「なり」「たり」 외에 「べし」까지도 포함시켜 부르고 있기 때문에 바람직스러운 호칭으로 볼 수 없다.

橋本(1934)의 『新文典別記』[35]의 「だ」「です」「なり」항을 보면,

右の諸語を指定の助動詞と言ひます。
指定とは事物を「～である」と指し定める意味であります。
随ってこれを断定といふ人もあります。

로 기술하고 있는데, 「指定」이란 말 그대로 「指し定める」의 뜻이며 「指定」 또는 「断定」으로 용어를 같이 사용하고 있다. 橋本 본인은 「指定」의 명칭을 주로 사용하고 있다.

그리고 中田은 「駿河なる富士の山」의 예를 들면서 「なり」에는 존재의 의미용법이 있다고 하여 「断定, 存在の助動詞」[36]로 부르고 있다.

더욱이 표현의 측면에서 생각해보면, 『国語学大辞典』[37]의 「指定表現」항에는

---

34) 大槻(1897), 広日本文典, 私家蔵版, pp.178. 202

35) 橋本(1934), 新文典別記, 富山房, "「だ」,「です」,「なり」항"

36) 中田(1968.10), "断定(なり, たり, だ, です)", 国文学 33巻12, 学灯社, pp.112

37) 国語学会(1980), 国語学大辞典」, 東京堂, pp.473

指定とは事物を「－である」と指し定める意であるというが話し手が
判断内容の妥当性を確定的に述べる表現である。広義にはあらゆる平
叙表現はすべて指定表現である。狭義に主概念と賓概念との間に相反
関係や矛盾がなく，両者が論理的に妥当な関係で結びついていること
を示す表現をいう。(中略) 断定表現・措定表現ともいう。

로 설명하고 있다. 즉「指定表現」은 화자가 판단내용의 타당성을 확정적으로 나타내는 표현을 말하는데 광의(広義)로는 평서표현(平叙表現)까지 포함하며 협의로는 주개념과 빈개념 사이에 상반(相反)이나 모순 없이 논리적인 관계를 맺고 있는 것을 나타내는 표현이라 할 수 있다. 현재는「断定表現」,「措定表現」또는「指定表現」으로도 불리고 있는데 본서에서는「断定表現」으로 부르기로 한다. 그래서 현대문에서 자주 등장하는「だ」「です」등은 협의의 의미로 주개념이 빈개념과 다르지 않다고 하는 판단내용을 묘출(描出)하는 소위 논리학의「계사(繫辞)」(Copula)로 보는 것이 좋다고 본다.

03　단정표현의 유의어

그러면「断定」을 나타내는 유의어에는 어떠한 어휘가 있는지 조사해 보기로 하자.

이것을 조사하기 전에 잠시 유의어란 무엇인지 고찰해보면, 다음과 같이『広辞苑』[38]에는 어휘 간에 동일한 의미를 나타내든가 아니면 매우 유사한 어휘를 「同義語」와 「類義語」라 호칭하여 양자를 구별하여 생각하는 경우도 있는데 일반적으로 동의어는 유의어의 범주 속에 포함시켜 생각하는 경우가 많다.

> 同義語 : 語形が異なりながら意義がほぼ同じ言葉。
> 類義語 : 意義の類似する言葉. 対照と対比, 両親と父母。

동의어는 예를 들면 「あす」, 「あした」, 「明日」와 같이 많이 제시할 수 있지만 유의어의 관점에서 볼 때 이러한 동의어는 상당히 적은 편에 속한다.

그러나 「ほぼ同じ言葉」와 「類似する言葉」는 어디를 경계선으로 해야 되는지 구별이 애매하다고 보는데[39], 본서에서는 크게 보아 동의어를 유의어의 범주 속에 넣어 생각하기로 한다.

<참고문헌>의 사전류를 바탕으로 「断定」의 유의어를 조사해 본 결과 품사 기능의 관점에서 8가지 형으로 분류해볼 수 있다.

가. 명사형

判定 認定 断定 指定 想定 仮定 評定 査定 同定 人定 否定

---

38) 新村(1989), 広辞苑, 7刷, 岩波出版

39) 德川는 광의의 유의어 범주를 다음과 같이 나누어 생각하고 있다.
  1. 한쪽(A)이 다른 한쪽(B)에 포함 되는 것 : 「教師」와 「先生」
  2. A와 B가 부분적으로 겹쳐지는 것 : 「もり」와 「はやし」
  3. A와 B가 부분적으로 겹쳐지지 않는 것 : 「駐車」와 「停車」
  4. 文体(문장어와 일상어) : 「運搬する」와 「はこぶ」
  5. 出身語種 : 「サーベル」와 「刀」「剣」
  6. 단어의 新旧 : 「旅館」과 「やどや」(德川宗賢・宮島達夫, 「類義語辞典」, 1982. 22刷, pp. 6~7 참조)
  그러나 본서에서는 품사별로 분류하기로 한다.

決定 内定 確定 暫定 既定 検定 按定 点定
所定 国定 公定 制定 設定 改定 選定
判断 推断 速断 予断 診断 早計 結論
英断 ひとり決め 独断 専断 勇断 盲断 論断 英断
即断 軽断 果断 検断 威断 明断 精断 武断
決断 決死
思い切り 見切り 踏んぎり
結論 解決 断案 決着 判決 先決 即決 既決 軽決 速決
議決 裁決 採決 表決 可決 否決 評決 保留 たな上げ
裁断 決裁 裁定 裁量 断罪 審判 さばき 判決 裁判 審
名指し 指名
決め 定め 取り極め 決まり 定まり
おきて(掟)
割愛
運命 命数 命運 常数 天命 因縁 輪廻 めぐりあわせ
平定 鎮安 鎮静 鎮靖 鎮統 論定

断念 断思 断案 絶念 諦観 観念 覚悟
綏定 鎮撫 綏懐 鎮圧
考定 勘定 案定 勘決 獄定

論断 論定 論決

決心 決意 決志 定気 覚悟

おりがみつき(折紙附) 治定 整頓 略定 概定 即定 前定

劃一 成竹 成算 多数決 蓋棺事定

世界定(芝居語) 定制 引決 決雌雄 剋期 立憲
打定主意 卜居 卜地 定住 断獄 定価 決策 定策 奠都 奠鼎 定号.
占断 うらさだめ(卜定＝占定)

ひとりがてん(独合点) 刪定 削定 刊定 保定 規定 裁定 量決 認定 安定 分決 定着 定住 創定
めくらはんだん 商定 議定 協定 採決 賛決 点定 面決 鑑定 持定 条決 参決 勅定
欽定 ひとりぎめ(独極) ものさだめ(物定)(190종)

나. 진술부사형

断然 ふっつり きっぱり 必ず かならずしも
もちろん 無論 一定(いちじょう) はっきり
自明 平明 明快 判然 歴然と 歴歴と 釈然と 思い通り 果たして 案の定

不可避 必定・必然 必至 是非 万万 金輪際 屹度 断じて 決して てっきり まちがいなく
ちがひなく 誓って ゆめゆめ ゆめ さらさら さだめて

くわくと しつかりと あきらかに(明) かたく(堅) さだかに(定) あざあざと(鮮鮮)
どこまでも くれぐれも(呉呉) かへすがへすも(返返) いよいよ(弥弥) どうしても.

かまへて さらさら だんじて(51종)

다. 형용사형

かたい(確)(1종)

라. 형용동사형

確かだ 明らかだ

確実 正確 不正確 明確 適確 的確
確固 堅確 堅実(11종)

마. 동사형

決まる 決める 定める 決する 取りきめる

断定する 確定する なしきめる
思い定める 断ずる 見定める 見究める 見透かす 見抜く
見破る 見あらわす 見通す
判じる 判ずる きみこむ みなす
平らげる 諦める

思い切る 思い立つ 思い止まる 思い捨てる 思い限る みかぎる
見切る 見捨てる
とりきめる 品定まる 固まる 落ち着く
だんす(断) なす(成) ぼくす(卜) けつす(決) きす(期) とりきむ(取極)
さだめきる(定切) はんだんす(判断) わかつ きめこむ きはむ きむ(極)

おもひつむ(思詰) おぼしかたむ わけさだむ おもひさだむ(思定)
おもひかたむ(思固) おもひわかる(思分) しりをゑる(尻据)
みたつ(見立) みさだむ(見定) かたづむ(片詰)(57종)

바. 조동사형

だ, である, です, であります, でございます(5종)

사. 연어(連語)형

にちがいない にきまっている に相違ない に間違いない にすぎない
いうまでもない うたがいない(7종)

아. 형식명사형

べきだ, わけだ, ものだ, はずだ, ことだ(5종)

이상의 조사에서 나타난 것을 분석하면 다음과 같이 정리할 수 있다.
「断定」의 어휘가 소속되어 있는 国立国語研究所『分類語彙表』의
13,066항 그리고 「決まり」가 소재하는 13,067항을 기본으로 조사
해보았는데 327종이 발견된다. 이 분류표는 다른 유의의 사전과는
달리 「体の類」, 「用の類」, 「相の類」, 「その他」로 분류되어 일목요
연하게 유의어를 찾아 볼 수 있는 장점이 있어 매우 편리함을 느
끼나 각 어휘마다 의미의 차이를 볼 수 없어 불편한 점도 있다.
그 밖의 유의어 사전에는 다량의 유의어가 배열되어 있으며 방언
을 비롯하여 해당 의미소별(意味素別)로 분류하여 용례와 함께 제
시되어 있다.

조사된 어휘 중에 가장 많은 것은 명사형으로 무려 190종으로
단정표현 어휘 중에서 돋보인다. 이 중에는 일상어보다 문장어가
압도적임을 알 수 있다. 그리고 문말과 호응하는 특징이 있는 소
위 진술부사형은 51종으로 예상외로 많이 나타난다.

형용동사형은 「形容性名詞＋だ」형을 취하는 경우에 형용동사로
취급할 수 있는데 여기에는 수량화할 수 없는 점도 있지만, 순수
한 형용동사로는 「確かだ」를 비롯하여 11종이 보이고 있다. 그리
고 형용사형으로는 「かたい(確)」가 유일하게 보이고 있다.

동사형도 57종으로 제시되는데 「定める」를 위시한 단독동사뿐만
아니라 「確定する」 등의 「名＋する」型, 또는 「思い切る」와 같은

복합동사 등이 주로 보인다.

조동사형으로 「だ」「である」「です」「であります」「でございます」 등 5종으로 이 중 「だ」「である」「です」는 문학작품 속에서 빈도가 높게 나타나는 어휘로 취급된다.

연어형으로는 「にちがいない」를 비롯하여 7종으로 드물게 보이고 있는데 이러한 어휘는 대부분 단정 및 추량 양의미를 동시에 갖고 있다고 볼 수 있다.

형식명사형은 소위 「形式名詞＋だ」의 형으로 5종이 제시되는데 이것도 대부분 추량의 의미도 내재하고 있지만 단정의 의미도 존재함을 알 수 있다.

이와 같이 「断定」이라는 의미소가 있는 어휘는 327여종으로 조사되었다. 방언을 제외하고도 예상외로 많은 것을 알 수 있는데 그것은 아마 「断定表現」의 개념에서 언급했듯이 평서표현을 포함하는 모든 것을 염두에 둔 것이기에 이렇게 다양한 표현형식으로 제시된다고 본다.

04　「だ」와 「である」

1. 「だ」「で」의 어용(語用)

「だ」가 사용되는 경우를 보면, 손아래 사람에게나 동배들 사이의 표현에 자주 보게 된다. 스승이 제자에게, 주인이 고용인에게,

부부간에, 부모가 아이들에게 등 화자가 상위(上位)에 있는 경우의 발화에 많다고 본다. 대체로 어감이 반말적이어서 독백용으로 많이 사용된다. 동경어(東京語)에서 자주 사용되며 표준어에서의 「だ」와 방언의 「だ」는 그 용법이 다르다고 본다. 「だ」는 주로 조사나 형식명사를 동반하여 사용되는 경우가 많으며 남녀 성별로 사용법이 다르다. 「だよ」「だな」「だぜ」「もんだ」「なんだ」 등은 남성어로 「だわ」「だもの」「だこと」 등은 여성어로 사용되며, 「だね」는 남녀 공히 사용 가능하다.

종지형으로 사용되는 「だ」는 자기 자신에 대하여 강한 단정적 표현이며 혼자 수긍할 때나 무감각 무표정의 말이기도 하며 발화 사태에 대해서 사양하지 않는 무뚝뚝한 느낌도 든다. 또한 난폭하고 거칠게 들리기 때문에 여성어에는 적합하지 않다.[40] 그래서 민감하게 느끼지 않는 농부들 사이의 방언에 종지형 「だ」를 자주 사용한다.

「だ」의 연용형인 「で」는 단독적으로 사용하여 조사적인 작용을 하는 경우가 있다. 위의 문을 일단 중지하여 아래의 문에 이어질 때 중지적지정(中止的指定)을 판단한다. 이것은 「であり」「であって」의 후부(後部)가 생략된 것으로 의미는 「~だ。そして」로 볼 수 있다.

아래의 예 A와 같이 「で」가 여러 번 반복 사용되는 경우도 있다. 이것은 일반적으로 「~で, ~だ」의 문형식으로 「斷定中止法~斷定終止法」의 어법을 생각할 수 있는데, 그 문말 표현은 「だった」「だわ」「だもの」「だって」 등 다양하게 나타날 수 있다.

---

40) 金田一春彦(1957), 日本語, 岩波書房, pp. 172

그리고 明治의 언문일치체에서 눈에 띄는 것으로 '「で」止め文'
이 있는 데 「だ」의 대용으로 자주 사용되었다. 이것은 '「だ」止め文'
과 다르게, 표현이 강직하지 않고 부드러운 느낌이 든다. 이 '「で」
止め文'은 「だ」에서 느끼는 노골적인 어감을 부드럽게 하고, 「であ
る」가 갖고 있는 장엄한 어감을 피하기 위한 방법이어서 문전체에
변화를 줄 수 있다. 이 방법은 현대어에서는 드물게 사용되고 있다.

「だ」보다 온화한 어감을 느낄 수 있는 '「で」止め体'는 어떤 사항
에 대한 이유나 설명을 나타내기도 한다. 또한 아래의 예 B와 같이
주문(主文)에 대한 부문(副文) 사용이라는 주석적(注釈的)표현[41]을
볼 수도 있다. 즉 앞의 문에서 서술한 내용을 변명 또는 핑계의 표
현방법으로 첨가적인 효과를 나타내기도 한다. 이러한 표현법은 明
治 말부터 서서히 쇠퇴하여 현대어에서는 거의 사용되고 있지 않다.

---

41) 水野清(1958. 5), "「浮雲」「あひびき」「めぐりあひ」", 言語生活80号, 筑摩書房, pp.63

漱石의 작품, 『吾輩は猫である』의 모두(冒頭)를 보면, 「吾輩は猫である。名前はまだ無い。」와 같이 긍정과 부정을 사용하여 단직(端直)하게 서술하고 있는 문체가 많은 것을 알 수 있다. 이 작품은 중학 교사인 「苦沙弥」의 서재에서 이야기되는 明治의 교양 있는 작가들의 담론을, 고양이의 눈을 통하여 풍자적으로 쓴 소설이다. 漱石은 고양이의 언동을 통하여 자신을 포함한 인간의 방종과 어리석음 그리고 모순에 대한 혐오감을 잘 표현하고 있을 뿐 아니라 사회부정에 대한 반항을 긍정과 부정의 형식으로 잘 나타내고 있다.

이 작품은 「である」체 소설이라 하지만 「だ」체로도 많이 사용되고 있는 데 「だ」체를 사용할 때는 C와 같이 형식명사 「もの」를 앞에 붙여 「ものだ」를 자주 사용하고 있는 것이 특이하게 보인다.

明治 초기의 문학작품은 대부분 비슷한 문체적 경향을 볼 수 있지만 특히 언문일치의 선구자 二葉亭四迷가 쓴 처녀작이자 발군의 소설인 『浮雲』(1887)의 문체를 보면, 아래의 예 D와 같이 문말 표현이 체언으로 끝나는 경향이 짙다. 그렇지만 문의 내용상 '「体言」止め'의 느낌보다, 「〜のは体言(だ)」의 형식을 취하고 있기 때문에

'「だ」止め文' 으로 보는 것이 타당할 것이다. 『浮雲』의 문말조사[42)
에서 '「体言」止め' 43예, '「で」止め' 41예, '「だ」体' 6예로 나타나
실제의 「だ」체는 극소수에 지나지 않음을 알 수 있어 '「体言」止め'
의 작품이라 해도 좋을 것이다.

D. 顧みて東方の半天を眺むれば、淡淡とあがた水色、諦視たら宵
星の一つ二つはほ じり出せそうな<u>空合</u>。～今しがたまで見えた
隣家の前栽も、蒼然たる夜色に偸まれて、そよ吹く小夜嵐に立
樹の所在を知るほどの<u>闇き</u>。デモ土蔵の白壁はさすがに白だけ
に。見透かせば見透かされるナット軒端近くに羽音がする、
回首ッて観る何も眼に遮ものとてはなく、唯もう薄闇い<u>而己</u>。
(浮雲 弟4回, 四迷)

또한 행동주의를 선언하여 문단의 주목을 끈 舟橋聖一은 그의
작품 『ダイヴィング』(1934)에서 「のだ」를 지나치게 많이 사용하고
있다. 「のだ」는 지문(地文)과 회화문에 약 1대 2의 비율로 나타나
회화문에 많이 보이며 「だ類」의 연어 형식 중에서 44%의 비율로
사용되고 있다.[43) 또한 문말에 나타나는 「だ」은 회화문에서 지문
보다 3배 가까운 비율을 보이고 있는 것으로 보아 회화체의 말임
을 알 수 있다.

또한 「のだ」체가 눈에 띄는 소설로는 太宰治의 『走れメロス』(1940)
가 있다. 현대에 사는 인간의 불안이나 고민을 『走れメロス』, 『斜陽』
(1947), 『人間失格』(1948) 등을 통하여 발표했는데 대부분 독백풍의

---

42) 水野清, 前掲書, pp.63
43) 吉田金彦, 前掲書, pp.380

문체임을 알 수 있다. 그중 『走れメロス』는 성실한 인간 신뢰의 아름
다움을 잘 묘사했는데 인간관계를 지탱하는 것은 「信実」이라고 하는
문학사상을 특이한 「のだ」체를 많이 사용하여 표현하고 있다.

그리고 공산당원인 주인공이 「僕」라는 1인칭을 사용하여 수기
(手記)형식으로 썼다고 하는 椎名麟三의 『深夜の酒宴』(1947)도 「
のだ」체 문장이라 할 정도로 「のだ」를 빈번히 사용하고 있는데 회
화문이 적은 지문만의 소설인 것도 특이하다. 또한 이 작품은 문체
적으로 「た」, 「だ」, 「である」 세 가지 형식의 문말 형식을[44] 구성하
고 있다. 이러한 형식을 사용함으로써 문의 애매함과 정서성을 배제
한 간결한 문장으로 느껴질 뿐 아니라 뭔가의 권위적인 분위기가
내재된 것 같이 강하게 표현되는 것이다.

---

44) 吉田金彦, 前掲書, pp.380

2. 의미와 표현성

「だ」의 표현은 화자의 가장 기본적이고 단순하게 긍정판단을 내릴 때 사용하는 조사적 성격이 있는 어휘라 할 수 있으며, 대부분 종지형 「だ」를 사용하는 회화문에서 볼 수 있다.

「だ」의 의미를 표현성의 관점에서 고찰해 보기로 한다.

가. 확실한 단정과 긍정의 판단

예(1)(2)와 같이 쉽게 단언한다든가 확신을 갖고 단정하는 데 사용되며 「である」는 발음이 길 뿐 아니라 딱딱한 느낌이 드는 데 비하여 「だ」는 짧고 명확함이 뚜렷하여 회화나 독백에 적당하다.

> **[1]** 森屋のアニキは体が大きい。足が長い。もとは郵便配達をしていたのだが、人力車夫である父親が脳溢血で倒れてからは、こうして車をひくようになった。早い足だ。(ゲン，4－3－5)
>
> **[2]** 彼等はこんなことをいって皆逃げ腰になった。そしてその代りに鮮人土工が使われた。日本人だと威張っている癖に意気地のない奴等だ!(線, 5－1－24)

아래의 예(3)(4)의 「だ」는 종속구 중이나 연용중지법(連用中止法)으로 긍정적인 단정판단을 표현하는 데 널리 사용된다.

나. 가벼운 기분과 부드러운 어감

「だ」 표현 아래에 조사나 억양에 따라 뉘앙스의 차이를 느낄 수 있는 데 아래의 예(5)의 「だよ」는 남자가 가벼운 기분으로 동배에게 말할 때 사용한다. 아래 예(6)의 「だわ」는 여성어에서 볼 수 있다. 원래 이 말은 明治 초, 가부키나 화류계에서 발생된 것으로 처음에는 천한 어감이어서 거부감을 일으켰지만 그 당시에는 여학생의 말 「女学生の言葉」이라고 하여 많이 사용되었고[45] 차츰 일반화되어 현대에 이르고 있다.

---

45) 円地文字(1956. 9), "「ことよ」と「だわ」", 言語生活, 60号, 筑摩書房, pp.51

또한 사실관계가 명확한 일에 대해서는 문말의 술어는 「だ」로
나타내는데 아래의 예(7)(8)과 같이 동일한 판단을 기대할 수 없는
사항에 대해서는 단정적인 여운을 부드럽게 하기 위하여 「～と思
う」 등을 첨가하는 경우가 많다.

다. 화자의 결심·추량·비유의 표현

아래의 예(9)에서는 상황판단을 독백적으로 말하여 화자의 결심을
서술하기도 하고 추량하기도 한다. 더욱이 아래의 예(10)의 「だな」를
사용하여 화자의 판단을 남에게 들어보라는 기분으로 표현을 단언하
는 경우도 있다.

그리고 아래의 예(11)를 보면, 형식적으로 단정판단을 취하고 있
지만 실질적으로는 「ようだ」에 의해서 나타나는 것과 다름이 없다.

> [11] 此時妙なものだと思つた感じが今でも残つて居る。　第一毛
> を以て装飾されべきはずの顔がつるつるして丸で薬缶だ。
> (吾輩は描である, 漱石)

라. 설명・원인・습관・설득・내용 암시의 표현

지정의 「だ」 앞에 형식어를 붙여 다양한 어감을 표시하는 데 아
래의 예(12)~(15)와 같이 설명적으로 말을 자른다든가, 원인 이유
를 말하기도 하고 습관적인 사실을 서술하는데 사용하며 해설적이
고 설득적인 느낌이 든다.

> [12] この時親分が馬でやってきた。二、三人の頭にピスト渡す
> と、すぐ逃亡者を追いかけるように言った。「馬鹿な事をし
> たもんだ。」だれだろう? すぐつかまる。(人, 5−1−10)
> [13] 木はすっかり葉を落として、細い黒ずんだ枝を裸で差しのべた
> まま、雪の中に立っている。冬になったのだ。(青, 4−1−3)
> [14] しかし初太郎は、もうへこたれなかった。ここまで来たんだ。
> もうひといきだ。自分から言いだして、こんなことをしたのだ
> から、弱音をはいてはいけないと思った。(ゲン, 4−3−13)
> [15] 歩きながらだと、反って垣をとおして、それがチラチラと見
> えた。「休んでいるのかしら。　帽子は布を巻いてませんね。
> そうすると先刻のは逃げていたんだな」と従弟が言った。(十
> 一月, 6−4−9)

더욱이 아래의 예(16)(17)의 「だし」는 이유 사태를 설명할 때에 사용될 뿐 아니라 언외(言外)에 내용이 함축적으로 내재되어 있음을 보여 준다.

마. 의문·질문·반어·경멸·자조·분노의 표현

아래의 예(18)~(21)은 「何」「何?」「誰」「どんな」 등 의문사를 동반하여 의문·질문·반어(反語) 등을 나타내며 또한 그 근거나 이유를 묻는 뜻이 된다. 이 경우 문말에는 「のだ」「んだ」의 형태를 많이 취하게 된다.

:::

[21] 「ところが、お前、どんな隙間からでも入って帰る奴だ。いつ
の間にか忍びんで来るような奴だ。高い声では言われんが、
奥様が産んだのはあの犬の子だぞい。(ある女, 6-3-37)

:::

아래의 예(22)(23)의 「だい」는 경멸, 자조적인 기분이나 분개하는
마음으로 반문할 때에 많이 사용된다.

:::

[22] 「そうかそれでようやく分かった。一体〇〇さんの病気は何
だい。」「直腸癌です。」(変, 6-1-32)
[23] 「どうなんだい一体?」「知らねえよ。南戸の鬚がいまにやかま
しく言うにちがいないよ、きっと。近所の連中は口がうる
さいからなあ。」(青, 4-1-20)

:::

바. 상대의 동의·확인·권유·명령·인지의 표현

아래의 예(24)~(27)과 같이 화자가 상대에게 사태에 대하여 동
의를 구한다든가, 확인, 권유, 의뢰, 명령할 때 사용된다.

:::

[24] 太郎のより大きなやつを堀り取ってきて、その帰りに、「こ
の枝ぶりはどうだ」と初太郎の家の店先に、デンとすえて見
せびらかす。(ナン, 4-3-25)
[25] 「まあ靖ちゃん、久しぶりだねえ。ひどいお見限りだったね
え。二階へ上がってちょうだい。伏見先生もおいでになっ
ているよ」(青, 4-1-18)

:::

> **[26]** 道理で、きのうは、ニワトリを出さなかったん*だなあ*。初太
> 郎には、おんどりとまぜて五羽ばかりいたあのニワトリのこ
> とが気になってきた。(ナン, 4－3－34)
>
> **[27]** いつか先生にきいたロダンというすぐれた近代の彫刻家も、
> 彫刻はローソクの光でみるべきだといった、というん*だ*。
> (郵, 4－5－12)

아래의 예(28)(29)의 「そうだ」와 같이 어떤 사실에 대하여 여태 알지 못한 사실을 인지한 후 비로소 가볍게 놀라는 느낌으로 수긍하는 경우인데 상대방에게 긍정적으로 응대하는 표현이다. 주로 삽입어법으로 사용된다.

> **[28]** 「誰がこぎゃん態にしたっか!」「*そうだ*。*そうだ*!」続いて一人一
> 人の口からこんな言葉が荒荒しく飛び出した。(線, 5－1－26)
>
> **[29]** *そうだ*、そういう房太郎との話の中で、私は田崎先生の姿
> を残酷に、村の子供た ちが使うワイセツな表現に近いとこ
> ろで、はっきりと みたいのであった。(青, 4－1－8)

사. 사실의 최고, 주저의 표현

아래의 예(30)을 보면, 「だか」의 표현이 위에 의문사를 내세우고 아래에 부정을 동반하여 사실 내용을 최상급으로 나타내는 경우인데 아래의 예(31)과 같이 반신반의하면서 주저하는 느낌도 나타내기도 한다.

> [30] 恵ちゃんはどんなに仕合せだか知れねえ。(像だらけのお, 三
> 好十郎)
> [31] 体がまるでメダカのようにスキ透ってしまったよ、その時に
> は−、夢だか、死んだんだか解らない感じだったな。(村, 5
> −4−22)

아. 완곡 · 전문 · 당연의 표현

「何だか」를 부사적으로 사용하여, 아래의 예(32)(33)과 같이 아
래 사실을 완곡히 표현하기도 하고 이유가 확실하지 않은 상태로
사태가 행해진 표현이다.

> [32] 私は直ぐにも貞さんお家族へ知らせようと思って行きかけた
> が、何だか足がすくで 中から引き返した。(線, 5−1−26)
> [33] その瞬間、なんだかわからない新しい力が、からだのなかか
> らわいてくるような気がした。(ゲン, 4−3−14)

아래의 예(34)의 「だと」는 「〜の場合には」의 의미로 볼 수 있고,
아래의 예(35)와 같이 사실 내용을 전문(伝聞)적인 의미로 나타낼
수도 있고, 「それは, そうだとも。」에서와 같이 사실 내용에 대한
당연한 동의 판단으로 생각할 수도 있다.

> [34] 「上へ登るまでには水は無くなりますね。この調子だと」と宇
> 津は畑中に笑って言った。(天, 5－2－18)
> [35] 「上まではどれほどあるんだ。二十町か」と、これも呼吸の切
> れてきたらしいものが誰かに訊ねた。「一里十八町だそうだ
> と」、一人が答えた。(天, 5－2－12)

자. 확인·영탄·나열의 표현

아래의 예(36), (37)은 과거의 여러 가지 사실을 회상적으로 떠올
려 그 내용을 확인하기도 하고 영탄적으로 표현하기도 한다.

> [36] その魔法の国は、猿飛佐助や霧隠才蔵の出て来る忍術の話に
> もどこか似ていたが、もっとハイカラな西洋の話であった。私
> はそういう種類の話を初めて聞いたのだった。(青, 4－1－6)
> [37] 「けんど道がわんねで困ってると、しあわせよく水車番に会ったか
> らすぐ知れました。あれは親身な人だっけ。(生まれ, 6－5－17)

예(38), (39)과 같이 「だの」, 「だとか」를 사용하여, 두개 이상의
사물을 나열 또는 예시하는 경우 사용한다.

> [38] その廊下を曲がろうとする角のところに、大きな鋸だの、厳
> めしい鉄の槌だの、其の他、一度見たものには忘れられな
> いような赤くさびた刃物の類が飾ってある壁の側あたりまで
> ～。(ある女, 6－3－42)
> [39] 樽野は町にあの行為などに就いては無関心でいられたが、
> 突然、執達吏!だとか、差押え! だとか、競売! だとか、そ
> ういう類の言葉を耳にすると。(村, 5－4－7)

차. 주제설명 · 대비 · 반문의 표현

「来年は不景気になるんだってさ。」의 文에서 「だって」는 「~だ
という」를 나타내지만 예(40)과 같이 제시된 주제에 대하여 그것이
어떠한가를 설명하는 경우이다. 조사(助詞)적 용법이 강하게 사용
되고 있어 「~においても」라는 의미를 갖는다. 아래 예(41)의 「
だって」는 「も」에 상당하는데 이 경우 아래에 부정표현이 많이 오
게 된다. 이것은 하나의 사항을 대비적으로 예를 들어 제시된 것
과, 동일한 사항이 다른 데에도 있다는 것을 암시적으로 나타내는
말이다. 그리고 예(42)와 같이 문두에 왔을 때에는 역접의 접속사
로 사용되기도 하는데 이것은 여성어에서 많이 볼 수 있다. 「なん
だって、あいつが死んだ?」와 같이 「だって」 위에 「何」 등 의문사
를 동반하여 의심이나 질문, 또는 되묻는 용법으로 사용될 수도
있으며, 아래의 예(43)과 같이 특별한 의미를 부여하지 않는 어조
조절용(語調調節用)으로도 사용된다.

[40] とは言っても、あんなにいっしょうけんめいになって、ナン
バン粉を作ったんだもの、祖母だって、吉五郎さへの憎し
みを、なんおか晴らしたかっにだろう。(ナン, 4-3-37)

[41] 「おれは平気だ、これからだって若しくうものがなくなれ
ば、蜜柑だって、だって手当たり次第だ、～今だから言う
僕は今までだって他所の場所だと思うところだって構わず
入って行って掠奪を縦にしていたものさ。(村, 5-4-5)

[42] 「じや、お金を いましょうか ― だって姉さんも随分平気で
白白しいことが言えたものだよ、ええ、戴きましょう! と来
たらあの時どうした?」(村, 5-4-4)

[43] これは冗談でなく僕はほんとうにこの村がついたな － 米と
酒だけどうにかすれば、何、それだって、魚や蜜柑や小鳥
を売ったりすればね、物物交換というやつを始めても好い。」
(村, 5－4－6)

카. 정의(情意)・신념・진리의 표현

아래의 예(44)에서는 「だ」의 연체형 용법으로 「だ＋もの(こと)」
를 취하고 있다. 이러한 표현은 화자가 정의적(情意的)으로 사용하
는 방식인데 여성어에 많이 볼 수 있다. 예(45)와 같이 위의 문 전
체를 체언자격으로 볼 수 있으며 아래 예(46), (47)의 形式을 보면,
「～ことは、～ことだ。」「～ものは、～ものだ。」로, 「こと」「もの」
등의 형식명사를 사용하는 文을 많이 볼 수 있다. 이러한 표현은
위의 문을 정리한 하나의 사상이나 대상을 움직일 수 없는 신념이
나 영원한 진리로 간주하는 표현법이라 할 수 있다.

[44] 「～。お母さんが あんな危ないことをするんだもの。炭俵に火な
ぞをつけて、あんな垣根の方へ投ってやるんだもの。わたしは、
はらはらして見ていたぞい－ほんとだぞい。」(ある女, 6－3－6)
[45] 「それそれ、それが結構なんだよ、君達が、君、浮世のことでコ
セついたり、金の既定にかかり合ったひにはおのずと好い作物
も出米なくなるという事になるだろうし－ だ。(村, 5－4－9)
[46] この度の登山に限り人生行路の競事を模擬していることは、
暗黒のうちに誰も感じていることだった。(天, 5－2－16)
[47] 君あんなに人間が通るが、あの内で詩の分かるものは百人に
一人もいない、可愛相なものだ。(クレ, 6－1－36)

이상과 같이 대부분 「だ」 표현은 본래의 의미인 단정, 단언, 확신적인 의미로 사용되고 있지만 「だ」를 중심으로 각종의 조사, 조동사, 의문사 등을 전후에 접속하여 연어(連語)적인 형태로 사용됨을 알 수 있다. 이러한 연어형의 「だ類」의 의미는 조사, 부사, 접속사로 전용되어 다양하게 사용되고 있음을 알 수 있다.

05 「です」

1. 어성

경어 「です」는 체언・체언에 준하는 말・형용동사・조동사의 어간(「よう」「そう」「みたい」 등)・부사의 일부에 접속한다. 5단형 활용과 닮았지만 특수형으로 활용하는데, 미연형에서 부정어를 동반하는 일이 없다. 아래의 예(1)~(3)과 같이 연체형(「こと」「もの」) 접속은 드물게 보이며 보통명사에 접속되는 예도 극히 드물다.

그리고 동사의 종지형에 접속하는 예는 「です」 발생 초기부터 존재했는데 명치시대에도 많이 보일 뿐만 아니라 아래의 예(4)와 같이 현대에도 유행하고 있다.

[1] 「なぜ」
「私にいわせると、奥さんが好きになったから世間が嫌いにな
るんですもの」(こころ, 漱石)
[2] 鼻子は先ず初対面の挨拶を終って「どうも結構な御住居(おす
まい)ですこと」と座敷中を睨(ね)め廻わす。(吾輩は猫である,
漱石)
[3] 「御苦労様ですこと」
「それでも取り合わないんですとき。地蔵様の方も随分強情
ね」(上同)
[4] 「違うです。家出と違うです」
「違うこたあないよ。いずれ似たようなもんだろう」(女中, 4-
4-61)

아래의 예(5)(6)과 같이 「ですが」「ですけれども」를 사용하여 전후 사정으로 보아 서로 다른 것을 비교, 전치적(前置的)으로 서술하고, 후문(後文)을 생략하기도 하여 역접의 접속조사로 대용하고 있다.

[5] あなたはご自分では気がつかないでしょうが、わたしから見
れば、こう言っちゃ何ですが幸福な境遇ですよ。(出, 4-9-
39)
[6] 「あら、お嫁にゆくよりお給金チャンチャンもらう方がいいの?」
「すまんですけど……」(女中, 4-4-15)

종지형의 「です」는 눈에 띄게 종조사화(終助詞化)하는데, 아래의 조사와 일체화(一体化)해서 여러 가지 의미와 뉘앙스를 발생시킨다.

아래의 예(7)~(10)과 같이 위에 의문어가 오기도 하고 아래에 의
문조사가 붙어 공손한 기분으로 의문·권유·반어(反語)를 나타낸다.

> [7] 「先生などはどんなにお考えですかしら。わしは音更の百姓と
> こっちの百姓とは似たところがあるように思うとりますが。
> (蒲, 5－9－17)
> [8] 「もう幾時ですかいな。十二時は過ぎましたかいな。街へ着く
> と正午過ぎになりますやろな。」(蠅, 5－2－8)
> [9] 「お母さん、そんなにぶらぶらしていらっしゃらないで、ほん
> とうにお医者さまに診て貰ったらどうです」(ある, 6－3－13)
> [10] 「あなたの叔母さん、雪子さんは、御達者ですか、御幸福で
> すか?」(途, 5－8－3)

아래의 예(11)과 같이 종조사 「の」「わ」를 붙여 화자의 발화 내
용을 가볍게 주장하기도 하고, 부드럽게 단정하는 의미가 있다. 대
부분 여성어에서 용례가 보인다.

> [11] 「青い眼をしたお人形」の遊戯とソロバンごっこと飛行機の歌
> ですの。とても上手にして可愛らしいですわ。
> 一度見て頂きたいんですの。」(青, 4－1－7)

또한 아래의 예(12)과 같이 「ですもの」를 사용하여 가벼운 불
평·불만을 품으면서 말을 가려쓰기도 하고 이유나 설명으로 호소
하기도 한다. 게다가 아래의 예(13)와 같이 「ですこと」라는 여성어
를 감탄적으로 사용한다.

> **[12]** 「だってさ、これお芝居でしょう。だから私、ちゃんとその
> 通りにしてるのよ。それをあんな風に言うん<u>ですもの</u>」(青, 4
> － 1 － 28)
> **[13]** 「まあ、好い景色<u>ですことね</u>! 富士が好く晴れて。」(金色夜
> 叉, 尾崎紅葉)

그리고 아래의 예(14)~(16)과 같이 「ですね」「ですな」「ですかな」의
문말어는 가벼운 영탄의 기분으로 단정・다짐・질문의 뜻으로 사용되
고 있다.

> **[14]** 君は職場でも寮でも学校でも、いつもそうなんだ。それはいつも汗
> のでる一生けんめいな、 ひとのための仕事<u>ですね</u>。(郵, 4－5－22)
> **[15]** もっとよく部下の身の上を知っていていただきたい<u>ですな</u>。わ
> たしはその研究で特許を 一つ持っております。(出, 4－9－40)
> **[16]** あの養子を助けて、家の手伝いでもして、時には姉さんの好
> きな花でも植えて、余生を送るという気にはなれないもの<u>で</u>
> <u>すかなあ</u>。」(ある, 4－1－28)

아래의 예(17)과 같이 「どうです(か)」「何ですか」를 발어법(発語
法)・간투조사적으로 사용하여 표현성에서 볼 때 직접적인 질문이
아닐 때가 많이 있다. 이러한 표현은 노골적 어감을 부드럽게 하
고 시간적인 여유를 갖게 하는 화법이라 할 수 있다.

> **[17]** それが、電気がはいって、サッと一すじ白い光がながれでた
> ら、<u>どうです</u>、ピタッとしずかになって、ジージー という
> 幻灯器の音だけ。(郵, 4－1－28)

또한 구어체로 다용되고 있는 「ですって」는 아래의 예(18)와 같이 제3자의 풍문이나 앵무새식 반문(反問)에 사용되고 있다.

결론적으로 말하면, 「です」는 「だ」 「である」로 표현할 것을 공손히 말할 때 사용되는 겸양지정(謙讓指定)의 조동사이며 경의(敬意)의 정도는 용언의 원형과 「でございます」의 중용(中庸)의 상태로 보고 있는 것이다.[46]

표준어에서 「だ」가 보통체, 「でございます」가 경어체, 거기에 비해서 「です」는 경의가 의식되지 않을 정도로 가벼운 편이어서 오히려 사교어(社交語)로 부를 때가 많다. 화자가 청자에 대하여 강한 경어 의식이 없으며 하나의 사항에 대하여 긍정적 판단을 하는 확실성이 있는 전달 표현어이다. 더욱이 「です」가 품고 있는 정중도(度)는 시대·장소·개인의 경우 가치관에 큰 차이가 있는 데 일본의 지방에서는 의식적으로 강하게 쓰는 사람이 많으나 도회지에서는 담박(淡泊)한 기분으로 많이 사용하고 있다. 「です」로 표현하는 고유의 의미는 대화를 매끄럽게 하는 경양지정(敬讓指定)에 있을 뿐 상당히 명료성이 있는 화법이다. 그래서 「です」는 대체로 여성 용어에 많이 보인다. 활용형과 문맥, 문말조사에 따라 여러 가지 뉘앙스를 풍기고 있다.

---

46) 辻村敏樹(1964.10), 助動詞のすべて, pp.48

2.「のです」

「です」에 비하여「のです」는 어떠한지 어성을 고찰해보기로 한다.

아래의 예(19) (20)과 같이「のです」는「です」위에 지정어「の」가 온 이중(二重) 지정표현으로 아래의 예(21)과 같이 자주「んです」로 변형되어 사용되기도 한다. 준체조사「の」로 묶어 체언화(化)하는 성질이 있으며 그것을 긍정적인 단정표현으로 나타내기 위하여「です」로 받아내는 특성이 있다고 본다.

> **[19]** そしてみっちゃんをせんとうに、おつサさん、小マッちゃん
> が手に手にごちそうを持ってあらわれました。女たちはごち
> そう係りだった<u>のです</u>。(村, 4 − 2 − 34)
> **[20]** 強次も倉太郎もうれしそうでした。わたしもうれしかった<u>の</u>
> <u>です</u>。(村, 4 − 2 − 41)
> **[21]** 僕は、今、お母さんから毎月、授業料さえ送ってもらえ
> ば、食って行く方は何とか出来る<u>んです</u>。親爺の残した扶
> 助料はあるはある<u>のです</u>が、僕にはまだ小さな弟や妹がごろ
> ごろいる<u>んです</u>。(絵, 4 − 10 − 21)

위의 예(21)의「のです」는 사실의 표현이 의심없는 사실임을 확인하는 표현이며, 사실 그 자체를 묘사하는 것은 아니다. 그러한 입장에서 어떤 사항이 사실인 것을 강조하기도 하고 자기의 판단을 주장하며 청자를 납득시키려고 할 때 또한 이유 있는 것을 제시할 때 사용된다. 다시 말해서, 설명형·설득형 표현으로 많이 사용된다. 뿐만 아니라 여기에는 내성(內省)·여정(余情)적인 느낌을 동반하면서 사용되기도 한다.

　또한 「のです」는 아래의 예(22)와 같이 앞에 의문어를 두어 상황의 배후에 있는 원인·이유를 물을 경우 사용한다.

　예(23)와 같이 어떤 결론을 도출하기 위해서 그 전제되는 사항을 서술하는데 사용되며, 또한 화제를 전개시키기 위해 예(24)와 같이 청자의 관심을 끌려는 경우에 사용되기도 한다.

　그런데 「のです」는 아래의 예(25)와 같이 필연적인 결론을 주장하는 데 사용하며 인과관계가 보이며 사정을 적극적으로 설명하는 기분이 강할 뿐 아니라 예(26)과 같이 전제(前提)되는 설명과 도출되는 귀결(帰結)을 병용하면서 서술하며 원인, 이유, 사정 등을 설명한다.

[25] 「お前が悪いんですよ、弱虫のくせにかかって行くから」(女中，4－4－24)
[26] 原料の輸入がいつになるかわからないんです。ですから、操業再開の見入みもたたないんです。 47)

06 「であります」

「であります」 표현에 대해서 분석해보자.

누군가가 우연하게 「である」에 「です」를 보탠 말을 군대 내에서나 강연회 등과 같이 다중(多衆)을 제압하는 환경에서 인위적인 말로 발달하여 오늘에 이르게 되었다. 江戸시대 때부터 주로 여성어로 사용되었으며 明治 이후에는 남성어에도 미치게 됐다. 그리고 근대의 언문일치문에서 이 말은 「小学教科書」에서는 明20(1887)년경에, 근대소설은 明治22(1889)년 「嵯峨の屋お室」의 『野末の菊』에서 처음으로 보이기 시작한다.

[1] あの犬は、わたしの犬よりちひさいであります。(文部省 尋常小学読本 1의1)
[2] 野末の菊、其が此娘の生涯でありませう。(嵯峨の屋お室，野末の菊)

---

47) 倉持(1980. 3), 'のだ項', 文法2, 国際交流基金

그 후 다른 형태의 말보다 세력을 얻는 일은 없었지만, 아주 소멸되지 않고 오늘날에 이르고 있다.

현대어의 「であります」는 아래의 예(3)(4)와 같이 주로 체언·활용어의 종지형에 붙으며 「の(ん)」가 자주 개입된다. 이 말은 「である」의 정중체로서 경도(敬度)는 「です」와 「でございます」의 중간에 위치하고 있으며 「です」와 「でございます」가 갖고 있는 각각의 결점을 보완할 수 있는 중용의 표현이라고도 할 수 있다. 「です」만큼 친숙한 말도 아니며 「ございます」만큼 지나치게 무겁지 않은 (「重過ぎない」) 적당한 정중어로 볼 수 있다.48)

> **3** 同じ心持ちから、虎とか、ライオンとか、熊とか、象とかのような猛獣は、彼等にはすでに一種の英雄<u>であります</u>。同時に、彼等に対する子供の感情は、愛とい～。(母, 6－6－14)
> **4** 犬が負けたとかいうようなことが、彼女のからからした笑い声の承認によって、いよいよ、素晴らしく面白い、滑稽な大事件となって行く<u>のであります</u>。(母, 6－6－9)

「であります」는 아래의 예(5)(6)과 같이 연설·강연 등에 한해서 판에 박은 듯한 표현(「紋切り型」)으로 사용되는데 더욱이 아래의 예(7)과 같이 군대용어로도 사용된다.49) 이러한 말투를 사용하는 사람은 금방 고향이 어딘지를 알 수 있을 정도가 되기도 한다.

---

48) 吉田, 상동, pp.480

49) 中村通夫, 상동, pp.134

[5] 然り実に憎むべきである！ 諸君、彼の教養たるや浅薄至極で<u>あ</u>りますぞ。かりに諸君、聡明なること世界地図の如き諸君よ。(風, 5-4-33)

[6] 「皆さん、皆さんは先生の言いつけをまことによく守るよい生徒であり、又よい日本人 <u>でありますぞ</u>。～」(白, 5-10-6)

[7] 戦線からも、ばんざい<u>であります</u>、といふ無邪気なお手紙が来る。(鴎, 太宰治)

「であります」는 부정형으로 사용될 때, 아래의 예(8)(9)의 「ではありません」, 「でもありません」과 같이 「です」 자체로 소화하지 못하는 특성이 있다.[50] 「です」 자체에 조사 「は」 「も」를 부여하지 못하는 것은 「ある」의 활용형에 결함이 있다고 본다. 즉 부정형 「あらない」라는 말은 성립되지 않으며 어차피 「ありません」의 도움이 필요하게 되기 때문이다.

[8] 彼女はこの貴重な荷物をしょったまま、どこへ飛び出すか知れたもの<u>ではありません</u>。(母, 6-6-7)

[9] すると河童は逃け腰をしたなり、二三メートル隔たった向こうに僕を振り返って見ているのです。それは不思議でもなん<u>でもありません</u>。(河, 6-7-5)

결론적으로 「遊里」의 말에서 발생 발달한 「であります」는 시민사회의 구두어로서 진출할 기운은 가졌지만 같은 환경에 있는 「遊里」의 말 「です」의 명쾌함과 능률성에 의하여 소멸되었다고 본다.

---

50) 小島俊夫(1959. 12), 상동, pp.82

그리고 「であります」가 소멸된 후, 오늘날까지 「ではありません」, 「でもありません」 등의 형태에 한하여 사용되고 있는 것은 「です」를 사용해서는 조사 「は」「も」가 갖는 뉘앙스를 표현하지 못하는 단점을 보충하기 위해서 이러한 부정형을 사용하고 있는 것 같다.

그래서 「であります」는 어디까지나 특수한 구어로의 성격을 가지고 있어서 일반인의 회화어로 되기 어려운 난점이 있다고 본다.

07 「でございます」

「でございます」 표현은 그 후 明治시대의 소설 문체에서는 지나치게 정중하고 장황해서 거의 채용되지 않았으나 근대 언문일치문에서 처음으로 채용된 것을 볼 수 있다. 그것은 明治10(1877)년 전후에 유행한 小新聞 「読売」 등에서 찾아 볼 수 있다.[51]

[1] 此子はまだ四歳ださうで御座いますが、何といふ不行届駁者
さんたちだか聞ても気の毒事でございます。(読売新聞, 明7,
1874年 11月2日, 創刊号「新聞欄」)

大正期에 이르러서는 아래의 예(2)~(4)와 같이 野上弥生子의『母親の通信』, 鴎外의『阿部一族』 등에서 이야기적인 서술의 표현법

---

51) 山田正秀(1960.4), 言文一致文の文法, pp.251 참고

으로 사용되면서 현대어에 이르고 있다.

[2] 「そんなことは決してございません。私は御飯焚きよりも、赤さんのお守りが致したいのでございますから。」(母, 6－6－8)
[3] と叫びたいのでございます。ことに赤さんの顔を見ていると、こういう感情が劇しく起こります。(母, 6－6－4)
[4] 親子兄弟相変わらずそろうてお勤めなさる、めでたい事じゃと言うのでござります。そのことばが何か意味ありげで歯がゆうござりました。(阿, 6－2－21)

일어적(一語的)이고 가장 공손한 표현인 「でございます」는 문법적으로 체언・부사・「の(ん)」・文 종지에 붙으며, 활용은 미연, 연용, 종지형이 있다. 부정형으로는 아래의 예(7)과 같이 「でございません」을 사용한다. 문법학자들은 「でございます」를 「敬譲指定의 조동사」[52], 「謙称의 조동사」[53]라 분류하여 설명하고 있다.

[5] 「先生、凡胎の子…… とは何ういう意味でございましょうか?」(途, 5－8－25)
[6] 丁度そこへ例の奥様も顔を見せた。「これが弟でございます。」(途, 5－8－38)
[7] ねえ、お母様、私の子供たちはみんなよい子供ではございませんか。あの可愛らしさを見てやって下さい! (母, 6－6－4)

52) 時技(1950.9), 日本文法, pp.210

53) 山田(1936. 5), 日本文法学概論, pp.290

이 말은 위의 예에서 보듯이 회화어지만 진정한 회화어가 아니라 문자적(文字的)인 구어체에 지나지 않는 몰개성적인 면이 있을 정도로 특수한 점이 있다.54) 그래서 이러한 특수 문체를 도입하게 되면 오히려 로맨틱하게 느껴지며 주관적인 서술표현에 성공할 수 있는 효력이 있다고 본다.

아직도 고어의 잔재로 다음의 예(8)~(11)와 같이 「でございます」, 「でございまする」, 「でござんした」, 「でござんしょう」형으로 드물게 쓰이고 있다.

> [8] 「弥一右衛門めはお願いと申すことを申したことはございません。これが涯唯一の願いでございます」と言って、(セメ, 5−1−19)
>
> [9] 「いえ。かすり傷でございまする」権右衛門は何者かに水落をしたたか突かれたが懐中していた鏡にあたって穂先がそれた。傷はわずかに血を鼻紙ににじませただけである。(途, 5−8−38)
>
> [10] お母さんは上がり匡のすどをあけて話しながら敷居のそばにすわり、どうも長いことお世話でござんした、と手をついた。(大, 5−7−33)
>
> [11] 「ほんになあ、そんな生まれ子にまでそこひじゃこと言うたりして、かわいそうに、嫁さんも苦労しましょし、えらい金入りでござんしょうぞなあ。」(大, 5−7−22)

---

54) 佐多稲子(1958. 11), 小説の中の会話, 言語生活 86호, pp.60~61

　　먼저 본서에서 『雨の日文庫集』(麦書房)의 『現代文学作品』('일러두기'의 <용례조사문헌>참조)을 조사의 자료로 사용한 이유는 4·5·6집(각 10권, 합 30권) 속에 들어 있는 40여명의 작가들의 작품 속에서 일본어의 참된 어휘적 모습을 찾아볼 수 있고, 작가 한사람의 문체나 어휘에 편중되어 있지 않아 어휘조사에 있어서 보편성과 객관성을 제시하는 점에서 그 의의가 있기 때문이다.

　　「断定」의 유의어가 이미 2장 3절에서 327여종으로 제시되었는데, 다음의 <표-2>에서 보듯이 大正, 昭和(戦前), 昭和(戦中·戦後)로 나누어 자료조사를 시도하여 실태를 파악해 보았다. 그 변천과 현상을 보기로 하자.[55]

　　먼저 「だ」의 경우 大正, 昭和戦前, 昭和戦中·後의 문학작품은 각각 29%(547예), 32%(445예), 30%(411예)로 나타나 대체로 일정한 현상을 보이고 있는데 미래의 시대에도 동일 현상이 될 것으로 본다. 지문(地文)보다 회화문에서 압도적인 수치를 보이고 있으며 특히 회화문에서는 화자가 상위에 있는 경우 다용되고 있으며, 「だよ」「だもの」「だとか」「だの」「だって」「だっけ」「だから」 등 각종 연어(連語)로 된 형식이 조사, 부사, 접속사로 전용되고 있는 것을

---

55) 단, <표-2>에서의 수치는 다음의 말을 포함한다.
　·だ: だった, ではない
　·のだ: のだった, のではない, のじゃない
　·である: であり·のである: のであった
　·です: でした·のです: のでした

알 수 있다.

「である」의 경우는 16%(301예), 20%(284예), 21%(283예)로 「だ」보다 약간 적게 보이고 있으며 그것은 지문보다 회화문이 많음을 알 수 있다.

어원적으로 「遊里語」로 생성되었고 현대어에서는 대자(対者)경어로서만 사용되고 있는 「です」는 표에서 4.9%(91예), 5.7%(79예), 11.4%(154예)로 점점 증가추세에 있으나, 이중지정표현(二重指定表現)이라고 할 수 있는 「のです」의 경우는 13.3%(250예), 2.6%(36예), 5.1%(69예)로 감소 추세에 있다. 더욱이 준체조사 「の」로 묶어 체언화(体言化)하는 성질을 갖고 있는 「のです」는 문학작품에서 화자가 어떤 사실에 대하여 강조하기도 하고 주장, 설명하기도 하는 표현에 사용되고 있으며 빈도수를 보면 총 7.7%(335예)로 나타나고 있다. 「です」의 7%(324예)보다 많이 사용되고 있음을 알 수 있다.

明治시대에 처음으로 보이는 과거부정형 「ませんでした」는 1.2, 0.2, 0.7%로 감소의 현상을 보이는 듯하다. 그리고 「です」와 비슷한 환경에서 생성됐고 「です」와 「でございます」의 중간 경어법이라 할 수 있는 「であります」는 <표-2>에서 4.4%(83예), 0.5%(6예), 0%로 나타나 현재에는 거의 전무상태이다. 이 말은 명쾌하고 능률적이라 할 수 있는 「です」의 출현으로 빛을 보지 못하였는데 이러한 실태로 보아 장래 이 말은 사어(死語)가 될 가능성도 있다고 본다. 그러나 현대어에서 연설·강연·군대용어에 부분적으로 등장하는 것을 보면, 나름대로 명맥을 유지하고 있는 듯하다.

또한 江戸 때부터 보이기 시작했고 가장 공손하게 표현되는 말

「でございます」도 2.1%(39예), 0.5%(6예), 0.2%(2예)로 나타나 점점 감소추세에 있다. 몇 군데의 문학작품에서와 같이 「でござります」, 「でござりする」, 「でござんした」 등 고어(古語)의 잔재형태가 그대로 남아서 사용되는 것도 있다.

<표-2>에서 눈에 띄는 것으로 6집 6권(『母親の通信』, 野上弥生子)과 5집 10권(『白い壁』, 本庄陸男)에서 302예, 278예로 가장 많은 단정표현을 보이고 있다. 6집 6권의 『母親の通信』은 유아기(幼児期) 어린이들의 특유한 세계를 엄마의 따뜻한 눈으로 묘사하는 스토리 전개로 보아 균형 있게 단정의 어휘를 구사하고 있는 것 같다. 또한 5집 10권『白い壁』은 1930년대 초, 도쿄 변두리 초등학교의 교사가 경험한 것을 소설화한 것이다. 저능아 교실에서 벌어지는 아이들과 교사의 싸움을 잘 묘사하였는데 교실은 곧 사회로의 연속이라는 교훈을 강조하고 있다. 대화의 내용을 보면 명령적이고 단호한 느낌이 많이 보이고 있다.

그와 반대로 5집 5권(『風琴と魚の町』, 林芙美子)은 18예로 단정의 표현형식이 눈에 띄게 적게 나타나 있어 문체의 특이함을 보여주고 있다. 「だ」(4예)와 「である」(14예)로만 극히 제한 사용되고 있는데 그것은 행상을 하는 부모를 가진 13세의 천진난만한 소녀가 부모의 사랑을 깨달아 가는 과정을 그린 소설이다. 「私」라고 하는 소녀의 눈을 통해 본 오노미치(尾道)에서의 생활과 의식의 변화양상을 보여주는 자전적 소설이므로 단정표현이 적은 것 같다.

전반적으로 보아 「断定」의 어휘는 시대가 흐름에 따라 1884, 1382, 1350예로 어휘 수도 감소현상을 보이고 있는데 그중 대표적인 단정표현인 「だ」가 1403예(30.4%)로 제일 많으며 다음으로 「で

ある」868(18.8%),「のだ」860(18.7%),「のです」335(7.7%),「です」324예(7%)의 순으로 사용되고 있다. 그리고 大正의 문학작품에서 특이하게「ませんでした」「であります」「でございます」가 23, 83, 39예를 보이고 있어 昭和시대의 작품에서 11, 6, 8예보다 압도적으로 많이 보이고 있다. 이것은 6집 6권(『母親の通信』, 野上弥生子)의 문체가 편지문의 성격을 강하게 띠는 문장체적 표현으로 편중되어 있기 때문이다. 거기에 비해서 5집 5권(『風琴と魚の町』, 林芙美子)의「です」류,「であります」,「でございます」는 거의 전무한 상태이며, 약간의「だ」(4예),「である」(14예)가 쓰일 뿐이다. 그리고 昭和의 문학작품인 4권의 3집, 6집, 7집, 8집에도「であります」「でございます」가 거의 사용되고 있지 않는 현상을 보이고 있다.

결국「断定」을 나타내는 조동사류에서,「だ」류가 60% 정도를 차지하며「である」류가 32%,「です」류가 15%,「であります」류「でございます」가 3% 정도인 것을 보면, 일본어에 있어서 단정표현은 곧 주개념과 빈개념과의 관계를 대부분「だ」「である」「です」로 서술하고 있음을 알 수 있다.

<표-2>

시대	단정표현 문고집	だ	のだ	である	のである	です	のです	ませんでした	であります	ではありません	でございます	합계
大正	6-1	37	32	38	24	5	3				1	140
	2	17	11	74	68						11	181
	3	44	6	3	21	12	5	1			6	98
	4	73	21	5	7	8	1					115
	5	124	85	15		5	9				2	240
	6	21	5	57	13	30	51	22	83	2	12	302
	7	38	22	18		16	161			19	1	275
	8	11	10	37	54						3	115
	9	50	19	47	46	12	19				2	195
	10	132	71	7	8	3	1			1		223
	計	547	282	301	241	91	250	23	83	22	39	1884
	%	29.1	15	16	12.8	4.9	13.3	1.2	4.4	1.2	2.1	100
昭和 (戦前)	5-1	37	30	13	10	17	3				3	113
	2	73	25	13	1	10	3					125
	3	26	20	22	2	9						79
	4	53	49	66	91	1	8		1			269
	5	4		14								18
	6	48	39	39	24	4	5	1				160
	7	7	14	18	8		3				2	52
	8	23	11	35	20	9	1	1	1		1	102
	9	57	33	49	15	20	9	1	1	1		186
	10	117	62	15	68	9	4		3			278
	計	445	283	284	239	79	36	3	6	1	6	1382
	%	32.2	20.4	20.5	17.3	5.7	2.6	0.2	0.5	0.1	0.5	100

시대 \ 단정표현 \ 문고집	だ	のだ	である	のである	です	のです	ませんでした	であります	ではありません	でございます	합계
4-1	20	34	9	13	16	6			2		100
2	28	28	25	9	24	21	3				138
3	8	27	5		2						42
4	93	45	7		22	1					168
昭和（戦中·戦後） 5	33	9			73	9	4				128
6	30	21	9	2	1						63
7	42	8	118	35	1						212
8	69	38	34	56	2						199
9	53	24	1		10	9	1			2	100
10	35	56	67	16	3	23					200
계	411	290	283	131	154	69	8		2	2	1350
%	30.4	21.4	21	9.7	11.4	5.1	0.6		0.2	0.2	100
총계	1403	860	868	611	324	355	34	89	25	47	4616
%	30.4	18.7	18.8	13.2	7	7.7	0.7	1.9	0.6	1	100

09　맺는말

　　이상과 같이 「단정표현」에 대하여 분석해보았는데 다음과 같이 정리한다.

첫째, 먼저 「だ」 표현에 대해서 다음과 같이 정리한다.

(1) 「だ」로 표현되는 문말은 주개념과 빈개념과의 사이에 상반(相反)관계나 모순이 없이 양자가 논리적으로 타당한 관계로 이어지고 있다고 할 수 있다. 「指定」 또는 「借定」이란 용어로도 사용되며 논리학에서 말하는 「Copula」에 해당된다고 할 수 있다.

(2) 많은 학자들이 문법적인 위상을 설명하고 있는 데 체언에 접속되어 대부분 서술성을 인정하고 있고 「指定」 또는 「借定」, 설명존재사(說明存在詞)로 특징을 짓고 있다. 특히 金田一은 「指定」의 조동사가 아니라 정적속성(靜的屬性)의 조동사로 보는 점이 특이하다.

(3) 「だ」로 표현되는 경우 독백적이고 스스로의 사실 인정, 또는 사양하지 않는 무례함, 무뚝뚝하고 난폭하며 거칠게 들리는 어감이기 때문에 여성어로는 적합하지 않다고 할 수 있다. 明治시대의 '「で」止め文'은 현대어와 다른 온화한 어감을 갖기도 했고 주석적(注釈的)인 표현으로도 사용되었다.

(4) 작가들의 문체를 보면, 漱石은 일반적으로 「である」체를 다용하고 있지만, 「だ」체를 사용할 때는 「ものだ」체를 많이 사용했다고 본다. 二葉亭四迷는 그의 작품 『浮雲』에서 '「体言」止め' 문체를 많이 사용한 것이 눈에 띄며, 또한 「のだ」체가 뚜렷한 작품으로는 『ダイヴィング』『走れメロス』를 들 수 있다. 거기에 비해서 「深夜の酒宴」에서는 「た」「だ」「である」의 3형식을 취한 특이한 문학작품도 있다.

(5) 이러한 지정 「だ」의 표현은 현대어에서 「だ」를 전후로 하여 조사, 조동사, 의문사를 접속하여, 화자의 서술에 다양한 의미를

부여하고 있는데, 그것은 부사 또는 접속사, 간투조사적인 의미용법으로 대용되고 있음을 알 수 있다.

(6) 「だ」 표현이 품위가 없어 보이는 것은 아마 江戸시대 하층시민들 사이에 사용됐던 것에 영향을 받은 것 같다. 그러나 현대어에서는 「である」체로 주류를 이루던 신문기사나 학술논문에도 「だ」체가 허용되고 있는 것을 보면 아직도 세력을 얻고 있다고 봐야 할 것이다.

둘째, 「です」 표현에 대해서는 다음과 같이 정리한다.

(1) 「です」 표현은 明治시대에 권장과 쇠퇴를 거쳐 明治 말에는 전성기를 맞이한다. 「です」의 경도(敬度)는 용언의 원형과 「でございます」의 중용상태에 있다. 경의가 의식되지 않을 정도로 가벼운 편이어서 사교어로까지 부르며 하나의 사항에 대하여 긍정적 판단을 하는 확실성이 있는 전달 표현어이다.

(2) 「のです」는 이중지정표현으로 준체조사 「の」로 묶어 체언화하는 성질이 있으며 강조, 주장, 납득, 설명, 원인, 이유, 전제서술, 관심표명, 필연적인 결론 등 다양하게 사용된다.

(3) 「です」의 사용은 점점 증가추세에 있으나 「のです」의 경우는 감소의 경향이 있다. 그러나 「のです」는 「です」보다 다용되고 있는 편이다. 「です」의 과거부정형으로 「ませんでした」는 점점 감소의 현상을 보이고 있다.

셋째,「であります」표현은 다음과 같이 정리해 둔다.

(1)「であります」표현은「遊里」의 말에서 발생하고 발달한 것이다. 이 표현은 시민(市民)사회의 구두어로서 진출할 기운은 가졌지만 같은 환경에 있는「遊里言葉」인「です」의 명쾌함과 능률성에 의하여 소멸되었다고 본다.

(2)「であります」가 소멸된 후, 오늘날까지「ではありません」「でもありません」등의 형태에 한하여 사용되고 있는 것은「です」를 사용해서는 조사「は」「も」가 갖는 뉘앙스를 표현하지 못하는 단점을 보충하기 위해서 이러한 부정형을 사용하고 있는 것 같다.

(3)「です」와「でございます」의 중간 경어법이라 할 수 있는 이 말의 빈도는 4.4, 0.5, 0%로 나타나 현재에는 거의 전무상태인 것으로 보아 장래에는 사어(死語)가 될 가능성도 있다고 본다. 그러나 현대어에서 연설·강연·군대용어에 다소 등장한다. 그래서 이 말은 어디까지나 특수한 구어로의 성격을 가지고 있으며 일반인의 회화어로 되기 어려운 난점이 있다.

넷째,「でございます」는 어법상 일어적(一語的)인 표현이라 할 수 있다. 이 말의 사용은 점점 감소 추세에 있는데 몇 군데의 문학 작품에는「でごぎります」,「でごぎりする」,「でごぎんした」등 고어의 잔재 형태가 그대로 남아 사용되고 있다. 문장 표현상 문자적 구어체로서 몰개성적(没個性的)인 면도 있으나 로맨틱하고 주관적인 서술에 성공할 수 있는 효과도 있다.

다섯째,「斷定」을 나타내는 표현에서「だ」류가 전체의 60%를 차

지하며 「である」류가 32%, 「です」류가 15%, 「であります」류와 「で
ございます」가 3% 정도로 나타난 것을 보면, 일본어의 단정표현은
「私はうなぎだ」「吾輩は猫である」 등과 같이 주개념과 빈개념과의
관계를 대부분 「だ」「である」「です」로 서술하고 있음을 분석할 수
있다.

제3장 추량표현(推量表現)

일본어문에서 「雨が止んだ<u>ようだ</u>。」「どうやら雨<u>らしい</u>。」「午後は 雪が降る<u>だろう</u>。」 등과 같이 화자(話者)가 어떤 사태에 대하여 불확실한 판단이나 상상(想像)의 형태로 서술하는 추량적(推量的) 인 표현이 있다. 이러한 추량표현은 불확실한 판단이나 상상의 사 실을 화자의 상상으로 나타내고 미래, 현재, 과거, 반실가상(反実仮 想) 등 시제에 구애되지 않고 나타낼 수 있는 표현을 말한다. 여기 에는 「だろう」를 위시하여 「ようだ」, 「らしい」「そうだ」「う」(「う」「よ う」는 「う」로 대표함. 이하동일) 「まい」 등 다양한 표현형식을 나 열할 수 있다.[56]

이 분야에 대한 선행연구로 추량어휘에 대해서는 德川(1972), 広 田(1972), 日本大辞典刊行会編(1974), 武部(1979), 松村(1980) 등 을 들 수 있는데 표현론의 입장에서 볼 때, 옛 문법학자의 논설을 제외하고라도 후학들의 연구는 그중 広田(1972), 松村(1980)에서 그 명확한 정의를 볼 수 있다.

무엇보다 본 내용을 분석함에 있어서 조동사의 단어인정은 기 문법학자 즉 山田(1936), 橋本B(1934), 時枝(1950), 南(1974) 등의

---

56) 「3장 3절 추량표현의 유의어」를 참조바람.

논설에서 보듯이 다양한 학설을 보지만 문에서 화자의 진술소재(陳述所在)도 또한 다양한 학설을 제시하고 있는 것이다. 그러나 본 내용에서는 조동사의 단어인정 조건으로 기술에 임하는데, 선학자(先學者)들의 공통적인 진술론에서는 조동사·종조사(終助詞)에서의 진술력이 가장 강력함을 보여준다. 그래서 본내용의 근본도 여기에 준하는 것이 연구에 타당함을 느낀다.

먼저 추량표현의 형식 중 변화형조동사에 대해서 보면, 가장 유사한 「ようだ」와 「らしい」를 상호 비교, 분석함으로서 그 어성이 명확할 것으로 본다.

이 어휘의 비교에 대하여 지금까지 많은 연구가 되어왔는데 주관·객관의 관점에서 분석한 기존연구를 보기로 한다.

먼저 松下(1920)는 「ようだ」「らしい」를 감동사와 대비하여 객관적인 표현이라 하였고 이보다 더욱 상세한 설명을 제시한 사람은 時枝(1941)로 언어과정설에 입각, 「詞」, 「辞」의 분류를 시도하였다. 조사, 조동사, 감동사는 주체적인 것으로 표현되는 말이라는 것이다.

金田一(1953)은 위의 학설과 반대의 경우인데, 조동사 중에서 활용하지 않고 그다지 조동사답지 못하는 것만이 주관적 표현의 말이며 일반조동사는 동사, 형용사 등과 함께 순객관적 표현의 말이라 하여 「ようだ」「らしい」를 객관적 표현으로 생각한 것이다.

阪倉(1974)은 「辞」의 범주에서 「だ」, 「なり」, 「ず」, 「らしい」, 「ようだ」에 대하여 사적(詞的)인 성격과 사적(辞的)인 성격을 합한 이면성(二面性)이 있는 말로 생각하고 있다.

그리고 岡村(1969)은 「ようだ」에 대하여는 단정(斷定)의 「だ」를 갖는 것만으로 확신의 정도가 강한 것으로 보고 있다. 바꾸어 말하면 객관적 상태로서 인정되는 기분이 강하다고 하며 「らしい」는 화자의 주관이 떠오르기 때문에 기술(記述)·보고(報告)에는 「ようだ」 쪽이 다용된다고 하여, 뚜렷한 구분을 하고 있는데 「ようだ」와 「らしい」의 일부가 중복되는 의미를 내포하고 있는 점이 특이하다.

또한 阪田(1980)은 「らしい」는 어떤 사항에 대하여 꽤 확신을 가질 수 있는 객관적 근거를 바탕으로 그렇게 받아들여도 좋은 상태라고 하는 화자의 판단을 나타낸다고 한다.

倉持(1980)는 「ようだ」에 대하여 판단근거가 되는 사항은 꽤 객관성이 있는 것이든 극히 주관적인 것이든 관계없이 그 점에서는 「らしい」보다도 용법의 폭이 넓다는 것이다. 그러나 어떤 객관적 근거를 바탕으로 하고 있는 경우에는 실질적으로 「らしい」와 거의 변화가 없는 것을 나타낸다는 것이어서 주관·객관 양쪽에 근거를 인정하고 있다.

森田(1983)은 「ようだ」에 대하여 자신의 내발적(内発的)인 육체 감각이며 뭔가의 근거를 바탕으로 하는 객관적 판단은 아니라고 하며 「らしい」는 외부로부터의 정보나 근거를 바탕으로 한 객관적인 추정이기 때문에 신빙성이 높지 않다고 설명하고 있는데 각각 내발적·객관적 입장을 취하고 있는 것이다.

그렇지만 寺村(1984)은 추량의 「らしい」는 추량의 「ようだ」와 공통하는 부분이 크다고 한다. 객관적 사실을 근거로 하여 대충 이럴 것이라고 추량할 수 있는 것을 상대에게 말하려고 할 때 사용된다고 하고, 추량의 근거가 되는 객관적 사실은 자기 자신이 직접 관찰하여 얻은 정보인 것도 있지만, 외부로부터 들은 정보일 가능성도 있다고 설명하고 있다.

더욱이 旱津(1988)의 분석을 보면, 발화주체의 외측(外側) 요인으로 생각하는 판단의 근거는 발화주체가 저절로 얻은 정보 즉 직접적 정보와 발화주체가 서적이나 제3자의 이야기 등 매개를 통하여 얻은 정보 즉 간접적 정보로 나누어 생각했다. 직접적 정보에 의한 것에는 「ようだ」를 간접적 정보에 의한 것에는 「らしい」를 사용하는 것이 많은 데 때때로 직접적 정보라도 「ひきはなし」의 태도라면 「らしい」를 간접적 정보라도 「ひきよせ」의 태도라면 「ようだ」를 사용할 수도 있다는 것이다.

이와 같이 학자들의 선행 분석을 보았는데, 대부분 무엇에 대하여 주관·객관의 개념 설명인지 뚜렷하지 않다고 볼 수 있다. 즉 판단근거에 대한 것인지 아니면 발화주체의 판단인지 분명치 않은 것이다. 그러나 阪田(1980), 倉持(1980), 旱津(1988)는 판단의 근거에 대하여 주관·객관을 사용하여 분명한 개념설명을 하고 있는 것이다.

다음으로 「そうだ」에 대한 연구는 コリャード(1603)를 위시하여, 松村(1956)의 「よかりそうだ」 「なかりそうだ」의 연구에서 의미의 분석이 있으며, 風間(1964)의 구조적인 분석, 吉田(1971)의 사적인 연구, 日野(1975)의 양태와 전문 「そうだ」의 비교 분석, 그 밖에 湯沢(1977), 森田(1980), 阪田(1980) 등에서 「そうだ」의 명쾌한 의미 및 구조분석이 보인다.

그리고 불변화형 조동사에 대한 연구를 보면, 먼저 金田一(1953)은 주관·객관적인 표현의 입장에서 불변화조동사 「う」, 「まい」, 「だろう」를 분석하였는데, 그는 종조사적(終助詞的)인 공통어성을 갖고 있다는 것이다. 또한 三尾(1942)는 「話し言葉」의 입장에서 분석하였고, 国立国語研究所(報告3, 1951)에서는 다양한 용례분석을 통하여 의미 분류한 것을 볼 수 있다. 뿐만 아니라 永野(1956), 林(1964)의 「だろう」「であろう」의 연구에서는 형태는 미래 추량형을 취하고 있지만 실질적인 표현성은 단언성(斷言性)을 갖고 있는 표현임을 보여주고 있다.

특히 「だろう」「う」의 경어체인 「でしょう」「ましょう」에 대한 연구에서 菅野(1967)의 앙케트조사 결과가 특이함을 보여주고 있다.

한편 「かもしれない」「にちがいない」[57] 등과 같이 복합사(複合辞)에 관한 연구는 원래 時枝(1941)가 근본인데 이러한 이론적인 설명을 바탕으로 永野(1970)의 상세한 연구업적이 있고, 그것과 함께 倉持(1980), 森田(1989)은 일본어교육의 입장에서 国広(1982), 寺村(1984)은 의미론적 접근을 시도하여 획기적인 결과를 보고 있다.

무엇보다 본서의 핵심인 추량도(推量度)에 대하여 그 기존연구를 살펴보면, 金田一(1953), 日野(1975), 倉持(1980), 国広(1982) 등을 들 수 있는데, 이들은 하나의 사태에 대하여 추량의 근거가 어느 정도 화자의 주관적 판단에 의하는지, 또는 다른 정보에 의한 객관화 내지는 사태에 대한 실현가능성의 면에서 어느 정도인지 각 추량표현들의 정도(程度)를 분석한 것이다.

---

57) 永野는, 複合辞라 하여 複合助動詞(「かもしれない」「にちがいない」 등)와 複合助詞(「～というので」「～か否か」 등)로 나누고 있다. (永野 賢, 日本文法の研究, 1970, 東京堂, pp.180～185) 또한 森田도, 複合辞라 하여 몇 개의 말이 복합하여 한 묶음(ひとまとまり)의 형태로 辞的인 기능(조사 조동사 상당)을 하는 표현이라 한다. 한 묶음의 형태로서 단순한 말의 連接이라는 形式以上의 의미기능을 하여 하나의 단위체로서 분석할 필요가 있다는 것이다. 의미기능으로 보아 「助動詞の働きをするもの」(「かもしれない」「にちがいない」「ざるをえない」 등)와 「助詞の働きをするもの」(「からには」「にせよ」 등)로 나누고 있다. (森田良行・松木正慧, 日本語表現文型, 1989, 株式会社アルク, 凡例項)

이러한 선행연구를 바탕으로 본 내용을 분석함으로써 새로운 분야에 일조가 될 것으로 생각한다.

02 추량표현의 정의

일본어의 표현에서「추량」이라는 말이 많이 사용되고 있는 데『日本国語大辞典』의「推量」항을 보면[58]

> なにかを手がかりにして、事情や心中などをこうだろうと想像すること。推察 推測。

로 설명하고 있다. 즉 뭔가를 근거를 하여 대상에 대한 사정이나 심중이 이럴 것이라고 상상하는 것을 말한다. 세분화하여 意味의 관점에서 조사해보면,『類義語辞典』[59]에서는

> 「推定」何か根拠があって調べたうえでそう考えられること。
> 「推量」それほどはっきりした理由がなくてただそう思われるという程
>   度の場合に使われることば。
> 「推察」他人の気持や事情について考える時に使われること。

라고 하여「推定」,「推量」,「推察」의 유의어는 의미가 조금씩 달리 표현되어 있다. 동사「推し量る」는『新用字用例辞典』[60]에서

---

58) 日本大辞典刊行会編(1974), 日本国語大辞典, pp.330
59) 徳川(1972), 類義語辞典, pp.208

　　推定五万人・推量・当て推量・相対の気持を推測する・推計・御
　　推察に任せる・推究・推理・正確な推論・推断・類推・邪推して
　　誤解する。

　라고 하여 추량이외 推定・推測・推計・推究・推理 등 관련
유의어를 배열하고 있지만 각각의 의미는 풀이하고 있지 않다.
　이와 같이 「推量」과 그 유의어에 대한 사전적 내용을 보았는데
이것은 어디까지나 근거(根拠)의 유무에 따라 추량도가 다르게 나
타남을 보여준다고 볼 수 있다.
　그것과는 달리 표현의도의 측면에서 「推量表現」이란 어떤 것인
지 조사해보면, 『日本文法大辞典』[61)에서는 다음과 같이 서술하고
있다.

　　不確実な判断や想像上の事実について、話し手の想像という形で述
　　べる表現。未来の事実を想像するばかりでなく、現在の事実に対す
　　る推量や、過去の事実に対する推量もある。また現実と異なる条件
　　を仮説して述べる場合を反実仮想、何らかの客観的な状況を判断の
　　根拠としている推定などの場合がある。

　이와 같이 정의를 내리고 있는 데 결국, 추량의 표현은 불확실
한 판단이나 상상(想像)의 사실을 화자가 상상하는 형태로 서술하
는 표현으로 시제적인 문제에는 구애받지 않고 사용되고 있는 점
이 특이하며 반실(反実)의 가상(仮想)까지도 포함하고 있다.
　그런데 『文章表現辞典』[62)의 「推量表現」항목에서는

<hr>

60) 武部(1979), 新用字用例辞典, pp.208
61) 松村(1981), 日本文法大辞典, pp.345
62) 広田(1972), 文章表現辞典, pp.269

事実について想像あるいは予想できる事がらとして叙述断定するもの
である。想像あるいは予想できることとして断定するものであるか
ら、断定表現の一つとも言える。しかしその断定の様相に、表現者の
推定・想像などという情意性が加わるため、単純な断定と異なる。

라고 설명하고 있어 표현의 개념으로 볼 때 상상이나 예상할 수 있는 것을 단정하는 것이기 때문에 크게 보아 「推量表現」도 「断定表現」의 하나로 포함시켜 정의를 내리고 있다. 그러나 화자의 정의성(情意性)이 내재되어 있음으로 단순한 단정과는 분명히 다름을 확인시켜 주고 있다. 위와 같은 표현의도의 측면에서 볼 때, 「推量表現」은 「断定表現」의 일부로 볼 수 있음을 알 수 있으나 본서에서는 「推量表現」에만 한정하여 분석하기로 한다.

03 추량표현의 유의어

그러면 「推量」을 나타내는 유의어에는 어떠한 말이 있는지 <참고문헌>의 사전류를 바탕으로 조사해 보기로 한다. 그 결과 다음과 같이 품사의 기능에 따라 9가지의 형으로 분류할 수 있다.

가. 명사형

推定, 推察, 推論, 推測, 推究, 推理, 推計, 推算, 推原, 推度, 推断,
推知, 推摩, 推歩, 推演.
類推, 邪推, 悪推.

恐察, 高察, 拝察, 愚察, 憐察, 憫察, 賢察, 要察, 偏察, 細察, 熟察,
審察, 暴察, 観察, 想察,
明察, 諒察, 幾察, 考察, 体察, 察知.
斟酌, 酌量, 参酌, 演繹, 景述, 契合.
管見, 管窺, 大観.
想像, 想定, 仮定.
連想, 幻想, 夢想, 空想, 妄想, 仮想, 理想 朦朧.
予想, 予察, 予期, 予測, 予見, 窺測.
憶説, 憶想, 憶測, 憶度, 憶断, 憶湍, 憶摩, 憶度.
湍度, 湍摩, 湍分, 忖度, 料得.
見こみ, 見通し.
当てっこ, 当てはずれ, 当てもの, 当てずっぽう, 当てすいりょう.
心当て, 心当たり.
思い過ごし, 思い做し.
易, 易断, うらな(占)い, 八封, 占(うら), 星うらない, くちうら, 卜(97종)

나. 진술부사형

たぶん, おそらく, もしかすると, ひょっとすると, どうも, ぜったい,
きっと, おおかた, まさか, よもや, さだめし,
どうやら, さぞ, どうぜ, あやふや, ぼんやり(16종)

다. 형용사형

おぼつかない(1종)

라. 형용동사형

不確実だ, 不明確だ, 不確かだ, 朧気だ(4종)

마. 동사형

推し量る, 見做す, 酌み取る, 察する, 見定める, 見抜く, 当量る, 押し当てる,
観ずる, 勘繰る, 汲み量る, 汲む, 深る
〜と見る, 〜と思う, 〜と信じる, 〜と考える
けしきどる, (気を)まわす, ひきうく
卜(ぼく)する(21종)

바. 조동사형

そうだ, ようだ, らしい, だろう, みたいだ, う, よう, ましょう, でしょう,
まい, ごとし, ふうだ, げだ(13종)

사. 연어형

〜にちがいない, 〜にきまっている, 〜に相違ない, 〜に似ている,
〜に間違いない, 〜にすぎない(6종)

아. 부조사 개입형

〜か, 〜かも, 〜か(も)しれない, 〜か(も)わからない, 〜かもしらぬ(ん),
〜かしら, 〜とか, 〜のではないか(8종)

자. 형식명사형

つもりだ, はずだ, 様子だ, 模様だ, 計劃だ, 覚悟だ(6종)

이상의 조사에서 대부분의 사전에는 중복되는 어휘도 있지만『日本類語大辞典』과『表現類語辞典』의「おしはかる」항에는 여러 가지 용례를 들어 설명하고 있다. 그리고 国立国語研究所의『分類語彙表』에서 분류항목 13,066에 있는「想像・推測・決心など」등에는「推量」에 속하는 유의어가 체계적으로 분류되어 있어 상당히 유용하게 사용할 수 있다. 단, 의미 분류만 하고 의미의 차에 대해서는 응급하고 있지 않다.

<참고문헌>에서 조사한 어휘 172종 중 가장 많이 보이는 것은 명사형으로 무려 100여종에 이른다. 이 중에는 물론 현대어에는 사용되지 않은 문장어도 많이 발견되고 있는데 여기에는 또한 추량의 어휘 중에서「易」「うらない」「卜」 등과 같이 현대인의 관심어로서 주술적인 것도 있어 더욱 흥미롭다. 그리고「推量」을 나타내는 어휘로 소위 진술부사가 있는데 이것은 문말 표현과 호응하면서 추량을 표시하는 특징이 있으며 어휘 수가 16종으로 적게 나타나 있지만 많은 문학작품의 문장을 통하여 조사해 보면 어휘가 더 많이 제시될 것으로 본다. 또한 이 진술부사는 정도부사 정태부사와 달리 그 성질이 판이하게 다르다고 본다.

특히 형용사의 형으로는 거의 보이지 않으나 유일하게「おぼつかない」하나만 보이는 것도 진귀하다. 이것은 문어체의 말이기도 하지만 현대의 구어문에서도 자주 등장하는 어휘로 취급된다.

동사형은 21종으로 나타나 있어 예상외로 많음을 알 수 있는데 여기에는 항상 조사「と」가 동반되어 주로 수동형, 가능형으로 사용되는 특징이 있다.

또한 조동사형은 13종으로 단정표현보다 많이 제시되는데, 이것은 아마 화자가 어떤 사항에 대하여 불확실성을 나타낼 때 그 진술 정도가 가장 강하게 표시할 수 있는 문말 표현으로 생각되기 때문이다. 일본어문에서 진술력이 강하게 표현되는 부분은 조동사 내지는 종조사라고 해도 과언이 아니라고 본다.

연어형으로는 6가지가 제시되고 있는데 단정의 의미로도 생각되기도 하지만 광의로는 이것도 추량표현으로 취급할 수 있는 것이다. 또한 이것은 항상 조사「に」를 동반하면서 사용되는 특징이 있다.

그리고 부조사「か」를 개입하는 형으로 8종이 나타나는데 문말에 사용되는 것보다 단어 속에 개입되어 사용되는 경우가 허다하며 특히 구어체에서 추량의 어휘로 다용되고 있다.

형식명사를 사용하여 추량을 나타내는 것은 6종으로 거의 문말 형태를 취하여 사용되고 있으며 단정의「だ」를 동반하는 것이 특징이다. 일반적인 보통명사로서 개념화된 의미로 많이 사용되지만 특히「つもりだ」와「はずだ」와 같이 개념화된 의미가 아닌 문말 표현에서는 그 의미영역이 상당히 넓게 나타나고 있다.

결국 처음에는 미래에 대하여 불확실한 시대일수록 추량적인 어휘가 상당히 많이 발달될 것으로 예견했으나 단정의 어휘는 327여종, 추량의 어휘는 172여종으로 단정보다 추량이 적게 나타나는데, 이러한 것은 언어학상 특이한 현상으로 생각된다.

1.「ようだ」

「ようだ」는 다음과 같이 몇 가지로 나누어 그 표현성을 설명할 수 있다.

가. 비유·근사(近似)의 표현

화자가 어떤 대상을 표현할 때 성질, 상태, 근사(近似), 유비(類比)를 나타내는 데 하나의 사항(A)을 다른 사항(B)에 비유해서 표현하는 말이며 「BはAでない」 또는 「～に似ている」라는 말이다.

> [1] 下の方を動いて行く玩具のような連絡船の赤や青の灯を見ながら、奴隷のように死に向って積み出されて行く自分の惨めさがはらにこたえた。(ふ, 4－7－7)
>
> [2] この時私はまるでいやいや自殺を図る人のように振舞った。しかし結局私が銃を持ったまま横に倒れた時、銃口が額から離れて、(ふ, 4－7－39)
>
> [3] お綱、お前見たように、さう無暗に二郎の口車に乗っちゃ不可ないよ。(行人, 漱石)

위의 예(1)과 같이 어떤 사항을 생생히 묘사하기 위하여 사용하는데 즉 「自分の惨めさ」라는 대상을 「奴隷」에 비유해서 사용하고 있다. 예(2)의 「ように」는 「まるで」라는 진술부사와 호응하여[63] 한

층 직유에 적합한 표현으로 사용하고 있다. 이러한 비유의 표현은 체언에 접속되어 사용되는데 이때의 「のようだ」의 「の」는 「である」라는 지정(指定)의 의미를 가지기 때문에 「のようだ」는 일종의 지정조동사로 취급하기까지 한다.[64] 예(3)의 「見たように」는 하나의 말로 사용하여 비유의 조동사로 취급되는 말이다. 이것은 「ようだ」에 「見た」가 접속, 어원적으로 「ようだ」보다 시각적 확인의 뜻이 강하게 사용되는데 현대어에서는 「ようだ」와 똑같은 의미로 사용된다.[65]

나. 예시·경멸의 표현

> **[4]** 丁度休み時間だったが、天気が悪く時々の驟雨の<u>ような</u>雨が降って来るので生徒たちは廊下に群れていた。(女中、　4－4－38)
>
> **[5]** ふくれていた。彼の色は黒かったが、顎から首筋にかけて赤ん坊のはだの<u>ような</u>桜色をしていた。(夜、4－6－12)
>
> **[6]** AZXさんも私の所からわずか二百米ほど、ほんの近距離で、アナタと呼べばハイと答えるという<u>ような</u>ぐらいのネ、非常に近距離にありますのでネ、(録、67호)

위의 예(4)(5)와 같이 「雨」, 「桜色」라는 대상을 「驟雨」, 「赤ん坊のはだ」를 사용 구체적으로 제시하고 있는데 「Aのように～なB」라

---

63) 「まるで」「たぶん」「いかにも」등은 각각 문말술어 「ようだ」「だろう」「そうだ」 등과 호응하는 경우가 많다. 이러한 부사를 진술부사(山田), 호응부사(橋本), 유도부사(渡辺), 서술부사(湯沢)라고도 한다.

64) 吉田(1971), 現代語助動詞の史的研究, pp.327

65) 다음과 같은 예도 같은 종류로 볼 수 있다.
예) 「ほんとうに、平気で子を殺すなんて、鬼<u>みたような</u>。」(嬰児殺し, 山本有三)

고 하여, 알기 쉽게 설명하기 위하여 예시하는 데 지나지 않으며 수사법의 일종으로 B의 조건을 구비한 것 중의 하나로서 B에 포함되는 하위개념이 된다.[66] 특정한 사람이나 시간, 장소 등을 예로 하는 경우가 많으며 특히 인간을 예시하는 경우 어떤 가치관을 갖고 경멸하는 기분으로 많이 사용한다.[67]

　또한 위의 형식과 다르지만 예(6)의 「ような」는 「~という」 등을 사용, 인용어에 의하여 예시하고 있는 것을 알 수 있는 데 「非常に近距離」라는 내용을 설명하기 위하여, 여러 형태의 예를 들 수 있는데 그중 가장 적절하다고 생각되는 예가 무의식적으로 선택되어 표현을 풍부하게 하며, 더욱 명확한 해석을 하는데 그 효과가 있다.

다. 완곡적인 지시 표현

[7] このように二人をあやつる糸は、それぞれ別のトラックで別の途を通り、結局、同じところへ二人を連れて来たわけだった。(鶴, 4-8-12)

[8] 青年らしい野心も夢もないかに見えたが、そのような家に生まれて格別の才能もない人間の生き方について(蒲, 5-9-13)

[9] 深夜喫茶を一つの契機として、少年の不良化防止が取りあげられているが、一体、少年 補導はどのように行われているのだろう。(録, 84호)

[10] その時、将校が矢野を呼んだ、そして次のような言葉が聞こえた ─ さっき、本部から電話があった。(鶴, 4-8-31)

---

66) 森田(1980), 基礎日本語2, pp.504

67) 인간을 예시하는 경우, 다음과 같은 예를 들 수 있다.
　예) あなたは何でさう私のやうなものの宅へ遣って来るのですか。(こころ, 漱石)

내용의 핵심이 문의 전후에 나타나 완곡적으로 지시하는 의미를 갖고 있다. 주로 위의 예(7)~(10)과 같이 「この」, 「その」, 「どの」, 「次の」 등의 연체사에 이어져 사용되는 경우가 많다.

라. 무책임·무관심의 완곡한 추량표현

> [11] 勝見のクラスの担任教師の仁木先生が家庭訪問にやって来て、勝見君は少し変ったようです。大分調子がいいようです。と言った。(女中, 4-4-23)
>
> [12] 初が体じゅうから力が抜けたような気持でボンヤリ石にこしかけていると、ビシリと何かが彼女の脚に当たった。小豆粒ほどの小石だ。(女中, 4-4-9)

화자의 발언에 대해서 책임지지 않으려는 의미로 사용되는데, 위의 예(11)에서와 같이 「少し変った」라는 사태에 무관심을 나타내려는 표현으로 볼 수 있고, 예(12)의 「力が抜けた」는 상대에 대한 확실한 단정이 아니고 뭔가 주저하는 내용을 나타낸다. 경우에 따라서는 상대방의 심정이나 입장을 배려해서 완곡적으로도 표현한다.

마. 주관적·직감적 표현

> [13] ある日の未明、初が台所にいると誰かが廊下をすっと通ったような気がした。そんな時間に誰も起きてるはずはないので泥棒かしら、とそっと様子を窺ったが。(女中, 4-4-17)
>
> [14] 組二 ダカラ、マ、オジサンラ、コウイウ所毎日ネ、見テ歩イテネ、アナタ学校ニ行ッテルヨウダ ケドサ、チョット聞イテミナケリャワカランダロウ、遠足ダカ何ダカネ。(録, 84호)

위의 예(13)(14)에서와 같이 화자의 명확한 근거는 없지만, 그러한 상황에서 그와 같이 취해지는 상태라고 하는 극히 주관적인 판단을 내포하고 있다. '언제 어디에서 들은 이야기인지 생각나지 않지만 지금 처음 들은 이야기는 아니다'라고 직감적으로 느낄 수 있는 정도로 사용할 수 있다.

바. 설득적 표현

예(15)의 「ように」와 「世間の人が見上げているように、僕も彼も尊敬しているんだ。」의 「ように」를 음미해 보면, 주제를 보다 생생하게 입체적으로 묘사하기 위하여 그것만으로는 호소력이 약하다든가 이해하기 어려운 경우 등에 보다 설득력 있게 표현하는 효과를 나타낸다.

다음으로는 불확실한 단정을 나타내는 대표적인 조동사 「ようだ」의 모습에 대하여 분명히 파악하기 위하여 확실한 단정을 나타내는 조동사 「だ」와 비교해 보기로 한다.

그것은 「ようだ」의 의미 용법 중에서 「のようだ」는 일반적으로 비유 내지는 예시를 나타내는 표현으로 다용되고 있는데 「のよう

だ」의 「の」조사는 「である」의 단정적인 뉘앙스가 내포되어 있어[68] 「よ
うだ」 이외의 불확실한 표현형식(예를 들면, 「らしい」 「だろう」
등)보다 훨씬 「だ」에 가까운 확실성을 보여주고 있기 때문이다.

[a] あの着物を着ている人は日本人の<u>ようだ</u>。
[b] あの着物を着ている人は日本人<u>だ</u>。
[c] このアパートはきれいで静か<u>だ</u>。

「ようだ」의 표현성에서 비유, 예시, 완곡적 지시, 완곡적 추량,
주관·직감적 표현 등을 나타낸다고 서술하였다.

위의 예(a)에서와 같이 「ようだ」 표현은 상황에 따라 완곡적 추
량이나 불확실한 단정을 나타내기도 하는데 예(b)의 「だ」에 비해
확실히 완곡적이며 불확실 사항을 표현하고 있다고 본다. 예(b)의
「だ」는 단언 내지는 확신, 화자의 결심까지 내포하고 있는 것으로
보아 화자의 판단이 사태에 대하여 거의 예외 없이 결정 지워버리
는 표현이라 할 수 있다. 예(b)에서 「だ」 표현은 일본의 전통적인
의상인 일본 옷을 입고 있는 사람은 거의 100% 일본인으로 볼 수
있다는 단언적인 표현이라 할 수 있다. 그것에 비해 예(a)의 「よう
だ」 표현은 외모로 보아 동양인들은 얼굴모습이 비슷함으로 한국
인인지 중국인인지 확정적으로 말할 수 없지만 그 사람의 태도나
모습이 일본인다운 점이 다분히 있음으로 「ようだ」를 제시하여 그
런대로 단정적으로 표현하고 있는 것이다.

---

68) 吉田(1971), 상동, pp.327

거기에 비해 확실한 단정을 나타내는 조동사 「だ」에 대해서 보기로 하자.

「だ」는 조사를 후접하여 다양한 의미를 발생시키는데 순수하게 「だ」자체의 어성으로 보면, 위의 예(b)의 「日本人だ」에서와 같이 명사 접속의 「だ」의 경우 「あの着物を着ている人」라는 사람은 국적이 어디에 속하는 것인지를 객관적으로 서술하는 문이다. 경우에 따라 「あの着物を着ている人」의 존재는 신체적 의학적 특징으로 보아 일본인이라는 대상에 적합하다는 판단결과를 내릴 수도 있지만 이 경우의 「だ」 표현은 「~に属する」의 의미로 보며 일본인이라는 명사가 갖고 있는 의의와 「~に属する」라는 서술의 의의를 합한 것으로 볼 수 있다. 결국 「だ」는 객관적인 내용의 표현이며 서술성을 갖고 있으며, 정적속성(靜的屬性)을 지닌 조동사로 볼 수 있다.

일반적으로 종지형으로 사용되는 「だ」는 자기 자신에 대하여 쉽게 단언한다든가 확신을 갖고 말하는 강한 단정적 표현이며 혼자 수긍할 때나 독백적으로 말하는 경우에 사용된다. 경우에 따라 무감각적이며 무표정한 말이기도 한 것이다. 발화사태에 대하여 사양하지 않고 무뚝뚝한 기분까지도 들며 또한 난폭하고 거칠게 들리기 때문에 여성어로는 적합하지 않은 표현이라 할 수 있다.

여기에 비해서 위의 예(c)의 「だ」 표현은 형용동사의 「だ」의 경우이다. 이것은 판단과 단정을 나타내는 주관적 표현 또는 경우에 따라 객관적 사태를 표현하기도 한다. 예(c)에서는 「静かだ」의 종지형은 판단과 단정을 나타내고 있지만, 「静かに」「静かな」와 같이 연용형 연체형에서는 그것을 나타내고 있지 않다고 본다. 「静かだ」

의 「だ」는 「～静かという属性をもっている」라고 하는 객관적 표
현에 사용되는 말로서 어간부분은 속성을 나타내고 「だ」부분은 서
술성을 갖고 있다고 볼 수 있는 것이다.

이상과 같이 「ようだ」에 대하여 전반적으로 설명해 보았는데 다
음으로 그것에 대한 「らしい」는 어떤지 알아보도록 한다.

2. 「らしい」

가. 객관적 추량의 표현

国立国語研究所의 『現代語の助詞・助動詞』[69]에는 「らしい」를

推定または婉曲な断定の意味を表わす。

로 기술하고 있다. 소위 추정조동사의 일반적인 개념으로 볼 수
있는데, 時枝는[70] 「らしい」에 대하여

その判断が、その状況から推量される場合（中略）常に或る客観的な
状況がその判断の根拠になっている。

라 하여 객관적 상황이 판단의 근거가 된다고 한다. 金田一은[71] 「ら
しい」를

---

69) 国立国語研究所 報告3(1951), 現代語の助詞・助動詞, pp.278
70) 時枝(1950), 상동, pp.175-176 ·
71) 金田一(1953), 상동, pp.237

　「～ト推定サレル状態ニアル」(または属性ヲモッテイル)という意をも
つ助動詞であって、客観的な叙述に用いられる語だ。

　라고 하여 추량을 나타내는 조동사이기 이전에 어떤 대상이 어떤
상태에 있거나 또는 어떤 속성을 갖고 표현하는 말이라 한다. 대부
분의 문법학자들도72) 어떠한 객관적상황이 그 판단의 근거가 되며
그 근거에 따라 화자가 직접 추량하는 경우에 사용한다는 것이다.

[1] 「此の蒸し暑いのに皆外套を着ている。幾ら暑くてもそれは命
令で勝手には脱げないらしい。帽子だけは皆手に持ってい
た。」(十一月, 6-4-5)

[2] 良は今までずっと道楽をしつづけてきたが、最近酒もやめて
しっかりしてきたらしい。しかし、服装はあいかわらず派手
であるところが心配の種である。(録, 80호)

[3] 原っぱのなかで子供が遊んでいた。見ていると勝者もまじっ
ていた。男の児が一人いて、なにか荒い遊びをしているらし
かった。勝者が男の児に倒された。起きたところをまた倒さ
れた。今度はぎゅうぎゅう押えつけられている。(城, 5-3-
20)

[4] しかし其処は御陵地の一部らしく、水の便利もよくはなさそ
うで、買える処はごく少し切りなさそうだった。(土, 6-4-
22)

　위의 「らしい」 표현은 예(1)의 「皆外套を着ている」나 예(3)의 「倒
された」, 「押えつけられている」와 같이 객관적 근거가 분명히 나

---

72) 松下(1930, 標準日本口語法, pp.223) 橋本(1934, 상동, pp.126)은 객관적 상태의 추
　량판단, 山田(1922, 日本口語法講義, pp.121)은 방관적 추량이라 한다.

타나 있고, 화자가 그러한 상황에서 그렇게 판단할 수 있는 증거물이 있다고 누구든지 믿을 수 있는 경우에 사용된다.

그리고 앞의 예(1)에서와 같이 추량판단을 나타내는 부정형은「らしい」자체는 변하지 않고「〜ないらしい」꼴을 사용한다.「らしくない」의 형태는 접미어「らしい」에서만 볼 수 있다.

또한 예(2)에서 과거를 나타낼 경우에는「〜たらしい」를 사용하는데, 과거의 사항을 현시점에서 파악하는 경우에는「〜たらしい」를 사용하고 과거의 시점에서 추량하는 경우는 예(3)과 같이「〜らしかった」로 표현한다. 즉「〜たらしい」는 이미 실현되었다고 생각하는 사항이 판단 대상으로 되는 경우가 일반적인데「〜らしかった」로 대체하면 일반적인 화법으로 볼 수 없다.

그리고 예(4)와 같이「らしい」의 활용형「らしく」를 전후하여, 앞에는 판단서술하고 뒤에는 판단하게 된 근거를 제시하는 용법이다. 일반적인 사용법과 다른 면을 볼 수 있다.

나. 전문적(伝聞的) 완곡 표현

앞의 내용과 달리 어떤 사항을 표현하는데 있어서 전해들은 사실을 완곡적으로 단정하기 위하여「らしい」를 사용한다. 아래의 예(5)에서 보면 객관적 상황을 판단의 근거로 하는 화자의 직접적인 추량표현이 아니라 전하여 들은 사실을 추량하는 것이다. 어떻게 보면, 문어(文語)의「らむ」의 의미에 가까운 듯하다.

> [5] オートマティク ワシングミシン。自動洗濯機ですね。油を注
> ぐの、会社によっていろいろある<u>らしい</u>んですからどこ会社
> 製のものか、そしてお求めになったディーラー代理店御相談
> なすった方がいいんではないでしょうか。(録, 83호)
>
> [6] 宮村は(中略) 鞠子さんを激励し<u>たらしい</u>。それを鞠子さんは
> (中略) 宮村をも堕落させるものと考へ<u>たらしい</u>。宮村との激
> しい愛で既に自分はただあはれまれているのだと悟っ<u>たらし</u>
> <u>い</u>。(巴里に死す, 芹沢光治良)

위의 예(6)의 과거형 「~たらしい」는 「~らしかった」로 대체할
수 없는데, 이는 전문을 나타내는 「そうだ」의 용법과 닮아 있기
때문이다. 즉 전문되는 내용 그 자체가 한 묶음으로 완결된 「コト」
(素材)로 되어 있어 단지 과거형 「た」에 「らしい」가 부가된 말에
지나지 않는다고 볼 수 있다. 「た」와 「らしい」사이에 의미의 분절
(切れ目)이 있다고 생각하며 이는 전문 「そうだ」의 의미 분절73)과
그 성질이 닮은 점이 있다고 본다.

　다음으로 소위 양태를 나타내는 「そうだ」의 모습에 대하여 분석
하기로 한다.

3. 「そうだ」

양태를 표시하는 「そうだ」는 어성의 특징으로서 부정의 꼴을 나
타내는데 여러 가지 형태를 취하고 있다.

---

73) 日野(1975), 「雨がふりそうだ」と 「雨がふるそうだ」 --二つの 「そうだ」の違いは何か
　　--, 新日本語講座2, 大久保忠利外編, pp.53

몇 가지 주된 설을 들어 보면, 동사에 접속되는 경우 湯沢는 「ふる」를 형용동사의 부정표현과 마찬가지로 「ふりそうで(は)ない」, 「ふりそうで(も)ない」라고 하지만 도쿄에서는 동사의 연용형에 「~そうもない」, 「~そうもありません」과 같이 두가지형으로 말하는 것이 보통이라 한다.[74] 이 경우 「ふりそうもない」의 「ふりそう」는 체언적 성질을 가지고 있으며 「そう」는 「そうで」를 생략한 연용형의 특별한 형으로 보고 있다.

吉田은 「そうだ」의 부정형을 「ありそうにない」「なれそうにありません」「帰りそうもない」와 같이 「~そうにない」「~そうもない」형으로 많이 사용한다고 한다.[75]

또한 松村은 조동사 「ない」에 접속하는 「~なそうだ」는 그다지 사용되지 않으며 대신 「~そうもない」의 방법을 많이 사용한다는 것이다.[76] 그러나 용례를 조사해 보면 부정표현은 많지 않지만,

[1] 「斯様にあつては持上がり<u>さうも無い</u>ぞ。ははははは。時に、瀬川君、けふは御引越が出来ますね。」(破戒, 藤村)

[2] 日暮れになつて漸く雨は上つた。表二階の客は中々帰り<u>さうもなかつた</u>。(暗夜, 直哉)

[3] 「うん。女のために蛇を殺すと云ふのは、神話めいてゐて面白いが、どうもその話はそれ切りでは済み<u>さうにないね</u>。」僕は正直に心に思ふ通りを言つた。(雁, 鴎外)

[4] 長男が来年大学を受けるというのに成績が悪くて合格し<u>そうにもない</u>。(録, 80호, 76)

---

74) 湯沢(1977), 상동, pp.194

75) 吉田(1971), 상동, pp.406

76) 松村(1956), 「よかりそうだ」「なかりそうだ」, 実践国語1-2, pp.52

위의 예(1)~(4)와 같이 「〜そうもない」「〜そうに(も)ない」의 형
태를 볼 수 있다. 이것은 어느 쪽도 그와 같은 전망이 없는 것을
나타낸다고 볼 수 있으며 그럴 경우 뭔가 기대에 어긋난다는 내용
으로 사용되는 경우가 많다고 본다. 이 경우 「も」 쪽이 「に」 쪽보
다 의미가 다소 강하다고 보는 사람도 있다.[77]

　　그리고 일본어표현에서

　「授業はもう終りそうですか」
　「いえ, 授業はまだ終りそうじゃないですよ。」

　와 같이 동사에 접속하는 「〜そうではない」는 질의와 응답을 할
때 앵무새식 대답방법에나 사용할 수 있는 것일 뿐 일반적이지 않
다고 본다. 경우에 따라서는 다음의 (5)와 같이 특이한 형태의 예
도 볼 수 있다.

> **[5]** 同じ自分の子で、どれが可愛くて、どれが憎いといふことは
> 有そうも無さそうなものだが、(破戒, 藤村)

형용사에 접속하는 경우의 예를 보자.

　a) このお菓子はおいしそうではない。
　a') このお菓子はおいしくなさそうだ。

와 같이 「～そうではない」와 「～くなさそうだ」가 있다.78) a)의 「～そうではない」는 「～そうだ」를 부정하는 것이며, a')는 「おいしい」를 부정한 「おいしくない」에 「そうだ」를 연결한 것이다. 따라서 a')는 「おいしそうだ」에 대한 부정형인데, 「おいしくない」라는 느낌을 대상으로부터 받은 경우에 사용되는 것이다.

결국 양태 「そうだ」의 부정방법은 동사의 경우 동사의 연용형 접속시 「～そうもない」, 「～そうに(も)ない」, 「～そうにない」, 「～そうではない」, 「～そうでもない」의 형이 사용되고 동사의 미연형 접속에는 「～なそうだ」의 형태도 사용된다. 그리고 형용사의 경우에는 형용사어간 접속에 「～そうではない」 또는 형용사의 연용형 「く」에 「～なそうだ」가 사용되는 등 각각 해당품사에 따라 다양한 형태를 보이고 있다.

그러면 양태의 「そうだ」 표현에 대한 의미를 분석해보기로 한다.

17C 초기의 「さうな」의 의미를 보면, 「げな」와 같은 뜻으로 「コリャ―ド: videtur(～のように見える)」79)와 같이 「～のように見える」로 사용됨을 알 수 있다. 현대어에 있어서 양태의 「そうだ」는 일반적으로 화자가 어떤 사항에 대해서 충분히 그럴 가능성이 있는 상태라고 받아들여 나타내는 표현방식이다. 양태의 조동사란, 자기 자신의 추량으로 보아 모습이 그럴 것이다(自分の推量で様子がそのようである)라는 뜻을 나타내는 조동사이며, 「今日雨が降りそうだ」는 아마도 비가 내릴 것으로 생각되는 상태(多分降るだろうと思われる様子)라는 의미를 표현하게 된다.80)

---

78) 阪田(1980), 様態を表す言い方 --そうだ--, 文法2 -- 助動詞を中心にして--, pp.52
79) コリャ-ド(1603), 日本文典, 大塚高信訳, pp.97

양태의 「そうだ」는 전부(前部)의 품사에 따라 의미의 뉘앙스가
달리 표현된다.

가. 동사 + 「そうだ」

동사에 접속하는 경우 직전의 사태를 표시한다고 보며 이럴 경
우 현재의 상황이 어떻게 받아들여질까 하는 점이 표현의 초점이
되는데,

> [6] ～低声にうなつたりして、ややともすれば吠え懸り<u>そうな</u>気
> 勢を示すのであった。(破戒, 藤村)
> [7] 「ああつ」母は恐怖から泣き<u>そう</u>な表情をした。(暗夜, 直哉)
> [8] 「芝居を見残して、お客様と蔵多屋へ行つてるんですつて。
> 今御飯を頂いて居るから、もう直きお暇が出<u>そうだ</u>と云ふん
> ですけど」(暗夜, 直哉)
> [9] 私は、くしゃみが出<u>そうに</u>なったら、深く息を吸う・深く息
> を吐く。深呼吸ですね。ある程度はおさまります。(くしゃみ
> を防ぐやり方, detail.chiebukuro.yahoo.co.jp/qa/question)
> [10] これは形勢逆転し<u>そう</u>です。こうなれば。形勢は逆転し<u>そう
> です</u>。(録, 72호, 56)

위의 예(6)～(10)과 같이 동사에 접속하는 「そうだ」는 상황이 급
박하여 극히 가까운 미래에 새로운 사태가 생길 수 있음을 나타내
며 이 정도의 절박성이 없다 하더라도 사정이나 상황의 시간적 추
이가 하나의 기세나 경사성(傾斜性)을 가질 수도 있는 것이다.[81]

---

80) 湯沢(1977), 상동, pp.192

또한 아래의 예(11)과 같이 경험을 근거로 뭔가 주관적으로 추측
하며 표현하는데 논리적 필연성이 약간 결여되어 있다고 본다.

> **[11]** 此処に阪口の変な得意がありさうに思ふと謙作は尚腹が立つ
> た。(暗夜, 直哉)

나. 형용사・형용동사・가능동사 + 「そうだ」

> **[12]** 赤児はくすぐつたさうに身もだえをして笑つた。女の人は美
> しい襟足を見せ、(暗夜, 直哉)
> **[13]** 次に来たのが、暖かそうなおくるみを着こんで、赤ちゃんを
> おぶった若いおくさん。(録, 18호, 14)
> **[14]** お客はいかにも心配そうだ。そこへ高校生が落し物を届けに
> 来る。(録, 8호, 54)
> **[15]** 旅行の打ち合せらしいが日本の観光講義とも言えば言えそ
> うだ。(録, 27호, 29)

위의 예(12)~(15)의 「そうだ」는 형용사・형용동사・가능동사에
접속하여 외견에서 판단하면 충분히 그와 같은 성질・상태가 인정
됨을 표시하는데 특히 형용사・형용동사에 접속하여 「~라는 외견
을 갖고 있음」(~トイウ外見ヲ持ッテイル)을 나타내는 「未確認の
外見」의 경우에 사용된다.[82]

형용사의 어간에 접속하여 객관적으로 그렇게 생각하지 않을 수

---

81) 風間(1964), 「死にそうだ」と「死ぬそうだ」, 口語文法講座3, pp.159-161
82) 風間(1964), 상동, pp.162

없는 상태를 표시하는데, 방관적으로 그렇게 볼 수 있는 판정이며
추량의 뜻은 동사접속보다 약하게 나타나게 된다. 이 경우 화자
이외의 사람의 정의(情意)를 표현하는 경우에도 사용하는데 그것은
화자 외에 대해서는 그러한 표정이나 태도로부터 당사자의 마음을
추측할 수밖에 없기 때문으로 볼 수 있다.

　다음의 예(16)와 같이 표정·태도 등으로 추측하여 객관적인 속
성을 표시할 수 있다.

> **[16]** 此間君が何だか不愉快<u>さうな</u>顔をして居たので、あんな場所
> へ君を誘つた事に気が咎めて居たのさ。(暗夜, 直哉)

　그리고 다음의 예(17)과 같이 희망조동사「たい」의 어간「た」에
접속하여「~たそうに(な)」라는 형태의 표현도 있다.

> **[17]** 学生は、今発車しようとしている塩町行の電車に、乗り<u>た</u>
> <u>そうな</u>容子を見せた。(真珠夫人, 菊池寛)

　이러한 형식의 표현은 가까운 장래에 뭔가가 구현되는 가능성·
필연성이 있는 것을 예상하는 뜻으로, 현실적으로 있을 수 없는
일에서도 강하게 비유적으로 사용되며 긍정형으로만 나타난다.

4. 표현의 차이

그러면, 다음으로 「ようだ」, 「らしい」, 「そうだ」에 대하여 각각 비교 분석해보기로 한다.

가. 「ようだ」와 「らしい」

앞에서 설명한 「ようだ」의 의미 중에서 「완곡한 추량」, 「주관, 직감적 표현」을 나타내는 경우와 조동사 「らしい」의 「객관추량의 표현」과 「전문적 완곡 표현」을 나타내는 경우는 상당히 닮은 부분이다. 이러한 표현들은 서로 대체하여 사용할 수 있는지 살펴보기로 하자.

여기에서 우선 「완곡」, 「추량」의 개념을 분명히 할 필요가 있는데, 「완곡」이란 어떤 대상에 대하여 화자가 발화시 자기의 심증으로는 확실한 판단이라 생각되어도 만약을 위해서 혹은 청자의 심정 혹은 입장을 고려하여 자기의 생각을 직선적으로 노출하지 않고 조심스럽게 표현하는 방법이라고 할 수 있다. 그러나 「추량」은 화자가 어떤 대상에 대하여 판단자체에 불확실한 것을 사태의 표현과 일치함을 나타내는 것이다.

그러면 몇 가지 예를 들어 보면서 그 차이를 보기로 한다.

〈나무 가지가 바람에 흔들리고 있는 모습을 보고〉

(a) 颱風がくる<u>ようだ</u>。
(a') 颱風がくる<u>らしい</u>。

위의 예(a) (a')는 서로 대체 가능한 추량을 나타내는 표현이다. 아직 「颱風がくる」라는 사태가 행해져 있지 않은 상황이며 화자가 판단재료와의 사이에 시간적거리가 존재하고 있다고 볼 수 있다. 그런데 만약 이러한 거리가 없는 경우라고 가정하면

    (b) 颱風がきている<u>ようだ</u>。
    (b') 颱風がきている<u>らしい</u>。(?)

  (b)의 「ようだ」 표현은 나무 가지가 바람에 흔들리고 있는 것으로 보아 완곡적인 표현으로 사용할 수 있지만 (b')의 「らしい」는 자연스럽지 못한 표현으로 볼 수 있다.

「らしい」를 자연스럽게 사용하기 위해서는 화자와 판단재료 사이에 어떠한 공간적 거리를 설치해야 될 것이다. 또한 하늘에 구름이 깔려 있고 나무가 바람에 강하게 흔들리고 있다는 간접적인 판단이 제시되어야 한다.

    (c) 颱風がきた<u>ようだ</u>。
    (c') 颱風がきた<u>らしい</u>。

예(c) (c')는 상황이 완료된 표현이다. (c)의 「ようだ」는 극히 자연스러운 완곡 표현인 것에 대하여 (c')의 「らしい」 표현은 태풍이 오지 않을 것이라는 사실이 전제되어 있는 표현으로 상상할 수 있을 것이다.

    (d) 私は体がやせている<u>ようだ</u>。
    (d') 私は体がやせている<u>らしい</u>。

예(d)의 「ようだ」표현은 1인칭 「私」가 자기 자신의 몸이 「やせて
いる」라고 확실한 생각을 인지하고 완곡적으로 표현한 것이다. 그
러나 예(d')의 「らしい」는 자기 자신의 몸이 「やせている」상태가
되어 있는 것을 자기 이외의 사람으로부터 전해 듣고 표현한 것으
로 여기에는 거리가 있음을 알 수 있다.

> (e) あなたは体がやせている<u>ようだ</u>。
> (e') あなたは体がやせている<u>らしい</u>。

2인칭 「あなた」의 경우 예(e)의 「ようだ」 표현은 상대의 모습을
직접 보면서 말하는 완곡 표현으로 자연스럽지만 (e')의 「らしい」
는 바른 표현이라 볼 수 없다. 단, 상대를 직접 보지 않고 전화를
할 때라든가 대면하지 않는 경우에는 가능한 표현이다. 확실한 판
단재료가 있다고 하면 이것은 이상한 문이 되어 버린다.

> (f) 田中さんは体がやせている<u>ようだ</u>。
> (f') 田中さんは体がやせている<u>らしい</u>。

위의 예(f) (f')는 3인칭의 경우이다. (f)의 「ようだ」는 완곡적 표
현으로 「田中さん」이 그 자리에 있든 없든 문은 성립된다고 본다.
화자가 「田中さん」이 「体のやせている」 상태라는 사실을 화자 스
스로 판단했다는 전제가 깔려 있는 것이다. (f')의 「らしい」는 「田
中さん」의 「やせている」 모습을 직접 보지 않고 제3자로부터 듣고
추량하는 경우이다.

(g) 私は頭がいた<u>ようだ</u>。(?)
(g') 私は頭がいたい<u>らしい</u>。(?)

예(g) (g')는 화자와 판단재료사이에 거리가 있을 수 없는 신체적
인 느낌으로 불가능한 표현이 된다.

(h) 私はかぜを引いている<u>ようだ</u>。
(h') 私はかぜを引いている<u>らしい</u>。

예(h) (h')의 경우는 앞의 예(g) (g')의 경우에 비해 훨씬 자연스
러운 문이 될 수 있다. (h)의 「かぜを引いている」라는 직관적인 판
단은 화자 스스로 단언할 수 없는 일이다. 머리가 아프다든가 기
침이 난다고 해서 감기라고 단언할 수 없는 것이기에 내과의사에
게 진찰을 받아 보아야 알 수 있다. 여기에는 화자와 판단재료 사
이에 심리적 거리가 있는 것이다. (h')의 「らしい」에는 간접적인
판단재료가 있다는 조건이 필요하다고 본다.

(i) あなたは旅行に行きたい<u>ようだ</u>。
(i') あなたは旅行に行きたい<u>らしい</u>。

(j) 鈴木さんは旅行に行きたい<u>ようだ</u>。
(j') 鈴木さんは旅行に行きたい<u>らしい</u>。

위의 예(i)~(j')의 「ようだ」「らしい」는 모두 원망(願望)이라는
화자의 심리를[83] 나타내는 표현이다. (i)(i')의 주어는 2인칭, (j) (j')

---

83) 심리적인 관점에서 부津는, 발화주체의 심적 태도로서 「指示語 コソアド」의 개념을

의 주어는 3인칭 「鈴木さん」임으로 화자와 판단재료와의 사이에 거리를 느낄 수 있기 때문에 추량을 나타내는 표현이 된다.

예(i)(j)의 「ようだ」는 「あなた」와 「鈴木さん」이 여행을 가고 싶어 하는 판단내용을 화자가 직관적으로 행하고 있는 표현이다. 그러나 (i')(j')의 「らしい」는 화자자신의 직관적 표현이 아니라 뭔가의 객관적 근거가 제시되어야 문이 성립된다고 본다. 여기에는 화자의 발화내용에 대하여 책임이[84] 전혀 없는 것으로 보인다.

이상에서 추량 또는 완곡을 나타내는 「ようだ」는 화자자신이 자기의 감각에 의하여 포착한 판단재료를 바탕으로 자기 자신이 직접적으로 행한 것으로 나타나는데, 판단의 책임은 화자 자신에 있다는 것이다. 그렇지만 추량이나 완곡을 나타내는 「らしい」는 화자의 판단재료 사이에 시간·공간·심리적 거리가 적어도 하나가 있다는 것을 느끼게 한다. 「らしい」로 표현하는 경우 제3자의 판단이나 객관적으로 관찰되며, 추측의 재료가 되는 사실을 근거로 행해진 2차적인 판단을 나타낸다는 것이다. 그래서 최초의 판단책임은 화자는 질 수 없다는 것이다. 결국 「ようだ」는 심리적 거리

근거로 다음과 같이 설명하고 있다. 판단의 대상으로 하는 사태나 판단의 내용을 자기에게 가까운 것으로 포착하려는 태도(ひきよせ)와 판단의 대상으로 하는 사태나 판단의 내용을 자기로 부터 일정한 거리를 두고 포착하려는 태도(ひきはなし)로 나누고 있다. 이러한 입장에서 볼 때, 직접적 정보를 근거로 하는 판단에는 「ようだ」를, 간접적 정보를 근거로 하는 판단에는 「らしい」를 일반적으로 많이 나타내지만, 직접적인 정보라도 「ひきはなし」의 태도라면 「らしい」를, 간접적 정보에서라도 「ひきよせ」의 태도를 취하면 「ようだ」를 나타내게 된다. 「ようだ」가 추량표현이 아닌 완곡한 단정 표현이 될 수 있는 것도, 「らしい」가 전문표현에 가까운 것도, 화자의 심적 태도를 바탕으로 한 설명이 될 수 있다.(尾津, 1988, pp.51~52 참조)

84) 책임에 관하여는 寺村는, 「モダリティ」의 강약과 「コト」의 구문에서 양 표현을 생각했는데 발화주체의 책임의식에 관심을 보이고 있다. 책임의식을 갖는 데에는 「モダリティ」가 강한 표현이 되어 「ようだ」가 사용되며, 책임의식을 갖지 못하는 데에는 「モダリティ」가 약하기 때문에 「らしい」를 사용하게 된다. 심리적 거리의 관점보다 책임의 여부에 관심을 보이고 있다. (寺村, 1984, pp.251 참조)

가 가깝고 「らしい」는 그 거리가 멀다고 할 수 있다.

　나. 「そうだ」(様)와 「ようだ」

「ようだ」의 다양한 의미 중 불확실한 단정을 나타내는 경우를
들어 비교해보자.

　　(a) 火が 消え*そうだ*。
　　(a') 火が 消える*ようだ*。

　　(b) ここに金があり*そうだ*。
　　(b') ここに金がある*ようだ*。

　　(c) このキムチはおいし*そうだ*。
　　(c') このキムチはおいしい*ようだ*。

　위의 예(a)(a')는 일반동사에 접속하는 「そうだ」「ようだ」인데 (a')
는 단순히 그 모습을 추측하지만 (a)은 상당히 찰나적 행위가 일어
나기 직전의 상황이다. 그러나 상태적인 동사에 붙는 경우에서 보면
예(b)는 여기에 금덩이(金)가 있을 것 같아 찾으려고 하는 느낌의 표
현인데 비해 (b')는 여기에 금덩이가 이미 있음을 알고서 말하는 기
분이 강하다고 본다.
　그리고 형용사의 경우를 보면, 예(c)(c') 양 표현 모두 「김치」에
대하여 「おいしい」 하다는 화자의 주관적인 판단이 내포되어 있
다. 그리고 (c)는 김치에 대한 「おいしい」함을 논리적으로 심사숙
고 한 것은 볼 수 없으나, (c')는 상당히 인정할 만한 근거에 의하

여 대상을 예측하고 있다고 볼 수 있다. 더욱이 (c)는 외부적인 상태에 대하여 직감적인 느낌을 보이는데 비하여 (c')는 그러한 느낌을 볼 수 없다. 결국 (c)는 화자가 식탁위에 놓여있는 김치의 외견에서 「おいしい」함을 예측하는 것이고 (c')는 그 화자의 발화내용이 김치를 먹고 난 후 「おいしい」함을 이미 예측했음을 나타내고 있는 것이다. 시제적(時制的)으로 볼 때 (c)의 「そうだ」는 아직 맛보지 않고 발화하는 것으로 감수 상황이 미연적(未然的)인 데 비하여 (c')의 「ようだ」는 이미 맛본 이후의 발화표현임으로 감수상황이 이루어진 기연적(既然的)인 경우를 나타내는 것이 된다.

그러므로 「キムチ」를 식탁 위에 두고 먹기 전에 표현할 때는 「お いし<u>そう</u>なキムチ」라고는 할 수 있어도 「おいしい<u>よう</u>なキムチ」라고 하는 표현은 적절하지 못하다고 보는 것이다. 그리고 이 양 표현은 모두 고정된 용법으로서 비유적이며 관용적인 표현에 자주 나타나기도 한다.85)

다. 「そうだ」(樣)와 「らしい」

양태 「そうだ」의 의미를 고찰하는 항에서, 직전사태・미확인의 외견 등을 나타낸다고 서술했다. 그리고 조동사 「らしい」는 객관추량, 전문적 완곡 표현을 나타내는 것으로 설명했다. 다음과 같이 「そうだ」와 「らしい」를 비교해 보기로 한다.

---

85) 예를 들면, 「ほっぺたが落ちそう」, 「手の切れそうな水」, 「地獄で仏に逢たよう」, 「蚊 の鳴くような声」, 「歯が抜けたよう」, 「蛇のように執念深い」와 같이 일상 언어생활 에서 빈번히 사용되고 있다.

a) 母は恐怖から泣き*そうな*表情をした。
a') 母は恐怖から泣く*らしい*表情をした。(?)

위의 양 표현에서 예(a')의 「らしい」는 연체수식어인 경우 실제의 장면에서는 표현되기 어렵지만 만약 발화표현이 된다면 주체인 「母」의 심중을 추측하는 기분이 강하게 나타나 있는데 비하여 예(a)의 「そうだ」는 상대의 모습에 대하여 「공포」에서부터 막 울 것 같은 표정을 나타내는 표현이 될 것이다. 정말로 울 것인지 어떤지는 관심에서 제외되는 것이다. 다시 말하면 「恐怖から泣く表情」에 가깝다고 할 수 있다.

주어가 1인칭의 경우에 쓰이는 「そうだ」와 「らしい」의 용례를 비교해 보면,

b) 私は いかにも心配*そうだ*。(?)
b') 私は いかにも心配*らしい*。(?)

와 같이 1인칭의 경우 표현이 적절하지 못한 표현으로 판단한다. 이것은 서술어 「心配だ」가 주관적인 내적감정을 표현하는 형용동사임으로 이상한 문으로 되어 버리는 것이다. 뿐 만 아니라

c) 私は 鈴木さんがいかにも心配*そうだ* と思う。(?)
c') 私は 鈴木さんがいかにも心配*らしい* と思う。(?)

와 같이 예(c)(c')의 양태 「そうだ」와 「らしい」 표현도 역시 불가능한 표현이 되어버린다. 「私」라는 1인칭이 「心配だ」라는 내적감

정을 직접 경험하여 나타내는 주관적인 형용술어이기 때문이다. 더욱이 「と思う」라는 주관적인 경험을 첨가시키고 있어 화자의 표현은 「중복」되는 것으로 볼 수 있기 때문에 적절한 표현으로 보기 어렵다.

다음으로 일본어문에서 말미에만 놓이는 불변화조동사 「う」「まい」「だろう」에 대하여 분석해보기로 한다.

05   **불변화형 조동사**

「う」「まい」「だろう」라는 조동사는 조동사 중에서도 괴짜라 할 정도로 특이한 데가 있다. 그것은 조동사 중에서 어형이 변화하지 않는 점이며, 또한 구어(口語)에 관한 한 의지·추량을 나타내며 종지형밖에 없는 점이다. 연체형에 사용되는 경우도 있지만 극히 드물게 사용되며 사용되더라도 관용적인 표현이나 「地の文」 또는 「방언적」인 회화 속에서 볼 수 있다.

山田은 조동사 중에서 이와 같이 활용형이 없는 것에 대해서 구체적인 이유를 제시하지 않고 있지만 상당한 이유가 있다고 한다.[86]

그리고 金田一은 「う」「よう」「まい」류 조동사는 문말에 늘 접속되기 때문에 「わ」「よ」「さ」와 같은 감동조사와 가까운 점이 있다고 한다. 이런 류의 조동사의 공통된 성격은 화자의 심리내용을 주관적으로 표현하는 것이며 그것과 달리 활용이 있는 다른 조동

---

86) 山田(1936), 日本文法学概論, pp.305

사는 객관적인 표현을 나타내는 조동사라고 규정짓고 있다.[87]

이와 같이 일본어문에서는 주관 또는 객관표현이라는 용어를 많이 사용하고 있는데, 이러한 주관・객관표현에 대하여 많은 학자들은 각자 자기의 표현 이론을 제시하고 있다. 그중 「う」「よう」「まい」「だろう」에 대해서 대부분의 문법학자들은 주관적 표현을 나타내는 어성이라고 서술하고 있다.[88]

다시 말하면, 주관적 표현에 사용되는 말은 문말에만 설 수 있고 객관적 표현에 사용되는 말은 다양한 위치에 설 수 있다. 그럼으로 조동사 중에서 「う」「よう」「まい」「だろう」 등 종지형밖에 없는 것은 화자의 심리를 주관적으로 표현하며, 「ない」「らしい」「ます」「です」「た」「だ」 등과 같이 여러 가지의 활용형을 갖고 있는 조동사는 동사・형용사와 마찬가지로 사실・사태를 객관적으로 표현한다고 볼 수 있는 것이다.[89]

먼저 「う」「よう」에 대하여 분석해보기로 하자.

1. 「う」「よう」

「う」는 활용어의 미연형에 접속되는데 동사일 경우 5단 동사에 한하여 접속되며 조동사에 상호 접속될 때에는 항상 최하위에 놓여진다. 활용형으로는 종지형과 연체형밖에 없고 변화하지 않는 특

---

87) 金田一(1953), 不変化助動詞の本質, pp.23

88) 松下・時枝・大野・阪倉・渡辺・芳賀를 들 수 있다. 일본어문에서 주관적・객관적 표현이라는 용어를 처음으로 사용한 학자는 松下이다.

89) 여기서의 조동사 「ない」, 「た」, 「だ」는, 「誘いかけ」를 나타내는 의미인 「ない」, 想起・명령의 의미를 나타내는 「た」, 주의를 재촉하는 의미의 「だ」에 한정한다.〔金田一(1953), 상동, pp.24〕

징이 있다. 종지형은 문(文)이 종지될 경우 또는 접속조사 「が」「と
も」「から」「し」 등이나 종조사 「か」「よ」 등에 이어진다. 그리고
연체형은 「こと」「はず」「もの」「ため」「ものなら」 등 형식명사에
이어지든가 극히 일부의 명사나 접속조사 「のに」에 이어진다.

이것과 달리 「よう」는 5단 동사 이외의 동사 또는 조동사 「せる」
「させる」「れる」「られる」의 미연형에 접속되며 조동사에 이어질
경우 「う」와 마찬가지로 항상 최하위에 놓이는 성질이 있다. 「よう」
의 종지형 연체형의 용법은 「う」의 경우에 준해서 사용된다고 본
다. 더욱이 변격동사(カ변, サ변)의 경우 현대어에서는 「こよう」「
しよう」로 사용되지만, 원래는 미연형에 이어져 「来う(こう)」「為
う(せう)」로 사용되었으며 심지어 방언에서는 연용형에 접속된 「き
よう」의 형태도 보이고 있다.90)

그리고 「う」의 의미 분화에 대하여 그 특성을 살펴보면, 기원적
으로는 추량의 의미이며 나중에 의지표현으로 전용됐다고 본다.91)
예를 들면

   (a) さぞ苦しかろ<u>う</u>。
   (b) さぞ苦しくある<u>と思う</u>。
   (c) さぞ苦しかろ<u>うと思う</u>。

와 같이 간단한 예를 제시하여 설명하기로 한다. 예(a)의 「う」는
(b)의 「と思う」에서 생성되었으며 추량의 의미는 추량대로 남고

---

90) 漱石의 작품에는, 「きよう」 사용이 자주 보이는데, 에도시대의 잔재로 생각된다.「ど
   んな名人が外国から来(き)ようと」(それから, 漱石)
91) 時枝(1950), 상동, pp.202～203

의지표현의 어성으로 이전되었다고 볼 수 있다. 원래 예(b)에는 「と
思う」라는 미분화(未分化)의 순수한 사고(思考)의 상태가 내재되어
있었다. 그런데 오늘날에 와서는 (b)와 같은 표현은 점점 쇠퇴되고
있으며, (c)의 「うと思う」와 같이 이중으로 반복하여 사용되는 새
로운 형식으로 자주 등장하고 있는 것이다.

그리고 (a)의 「う」와 (b)의 「思う」는 時枝의 문법론에서 「辞」, 「詞」
에 해당된다고 볼 수 있다. 「う」는 추량의 의미로서 「と思う」와
동일하게 쓰이며 (c)의 「うと思う」와 같은 표현은 「う」를 강조하
는 표현으로 볼 수 있다. (b)와 같은 표현은 일본어에서는 잘 쓰이
지 않지만 원래 근본이 된다고 보아야 할 것이다.[92]

이러한 사실로 보아 예(a)의 「う」는 「と思う」의 전환체(転換体)로
서 존재한다고 보며 (c)의 「うと思う」표현은 새로운 표현형식이라
할 수 있다고 본다.

시제적으로 보면, 과거의 사항에 대한 추량을 나타내는 형식으
로는 아래의 예(1), (2)와 같이 「たろう」가 사용되는 경우가 있다.

> **1** もう返事が来てもいいだけの日数は経ったのに、友だちから
> は何とも言って来なかった。返事の出 しようもなかった<u>たろう</u>。
> どれほど憤って怨んでいるかと思う。(雪, 5−9−10)
> **2** 何かに祈りたい気がした。土地の上に土地に接吻してよき土
> 地が得られるならば、自分達はよろこんで土地に接吻した<u>たろ
> う</u>。(土, 6−4−19)

---

92) 吉田(1971), 상동, pp.152

구어, 문장어를 통해서 보통 사용되는 것은 「〜ただろう」나 「〜た
でしょう」이며 「たろう」가 문말에 사용되는 것은 비교적 적고, 「こ
の程度の仕事は，ぼくなら1週間でしあげ<u>たろう</u>と思う。」「彼女は昔
はさぞや美人だっ<u>たろう</u>と思います。」에서의　「〜たろうと思う」와
같은 형을 취하여 주관적인 추량표현을 나타내는 경우가 많다.

그러면 「う」가 나타내는 표현의 의미를 보기로 하자. 먼저 종지
형의 경우를 보면, 다음과 같이 다양한 의미를 볼 수 있다.

아래의 예(3)과 같이 「〜うか」와 「〜うかな」를 사용하여 화자의
판단에 결심이 어려운 경우 또는 의심스럽고 주저하는 기분에 쓰이
는 일종의 추량표현이 있다. 여기에는 또한 여유 있는 결심을 표시
하면서 사용된다.

> **[3]** 「お互いの心の中でそうした出発の楽しさを　あてにしている
> のじゃなかろ<u>うか</u>。」そして彼は心が清く洗われるのを感じた。
> (城, 5 - 3 - 29)

그리고 아래의 예(4)에서와 같이 「う」는 「〜じゃないか」를 붙여
서 의지・권유・추량에서부터 설득의 의미로 변전되어 나타나기도
하는데 일단 추량의 범주로 생각할 수 있다.

> **[4]** 誰も一度渡らねばならぬものなら、ここで少し休も<u>うではな
> いか</u>と言い合っているところへ、後から来た一行のものらが
> また追いついて迫って来た。(天, 5 - 2 - 21)

아래의 예(5), (6)의 「う」는 제3자의 방관적 추측을 나타낸다고 볼 수 있다. 이 경우에는 다른 사람의 정의(情意)에 관한 것이기 때문에 아래와 같이 추측(「らしい」) 등의 문말어가 첨가되어 방관적인 느낌을 받을 수 있는 표현이 되기도 한다.

그리고 아래의 예(7)~(9)의 「う」는 모두 추량·상상해서 말하는 데 미경험적 일에 많이 사용된다. 예(7)의 「お祖母さん」과 같이 2인칭에 대한 객관적인 추량판단을 나타내고 있는데 더욱이 예(8)(9)와 같이 「私」「我々」나 「私のような」의 형식을 취하여 주어는 1인칭이지만 자신을 방관적인 입장에서 이야기할 때나 제3자의 자세로 표현할 때 사용되는 특이한 점도 있다.

그러나 「う」「よう」에서 나타나는 추량의 의미는 점점 쇠퇴되고 있으며 그 대신 「だろう」로 대체되어가는 경향이 있다.

「う」「よう」가 추량의 의미일 때에는 예(7)와 같이 존재를 나타내는 동사 「ある」나 예(8)(9)와 같이 특히 가능의 뜻을 나타내는 동사 「できる」 등에 많이 접속되어 사용된다.

> [7] 「なんのお祖母さん、そんなことがあろうかさ、と言っている
> のに…」　それからのお祖母さんは目に見えてぼけて行って一
> 年程経ってから死んだ。(城, 5−3−20)
>
> [8] 私もそれに対してなんと答えようもなかった。専門家でもな
> い私が、五六枚の絵を見ただけで、　その少年の未来の運命
> 全体をどうして大胆にも決定的に言い切る事ができよう。少
> 年の思い入ったような態度を見るにつけ、私にはすべてが恐
> ろしかった。私は黙っていた。(生まれ, 6−5−7)
>
> [9] しかしいくら正確に事態を認識したからといって、いつ来る
> かわからぬ圧倒的に優勢な相手を、毎日気に病んでいられる
> ものでもない以上、こうした無知は我々にとってむしろ一種
> 天与の恩恵だったということも出來ようか。我々は大部分私
> のような三十を越した、中年の兵士であり、目前の事態から
> 強いて早急な結論を求めようとはしなかった。(ふ, 4−7−5)

　지금까지 종지형에 대해서 알아보았으나 연체형에 대하여 분석
해보면, 의미용법이 전혀 다르다고 할 수 있다. 이 연체형은 고정
적으로 한정되어 사용되며 원래의 「う」의 기능을 발휘하지 못하고
있으나 그 의미는 일반적으로 가벼우면서 좁다고 할 수 있다. 화
자의 주관성은 보기 어려운 표현이며, 주로 관용어로 고정되어 있
다든가 방언이나 지문(地の文)에 사용되며 회화문에서는 찾아보기
힘들다. 이러한 현상은 아래의 예(10)(11)과 같이 문어(文語)나 외
국어문장을 직역한 영향에서 생겨났다고 본다.[93]

---

93) 武田(1985), 推量の助動詞, 研究資料日本文法 所収, pp.41

> **[10]** 困り果てた所為(せう)事無しに葉山は麦酒を飲む。(多情多恨, 尾崎紅葉)
>
> **[11]** うっかり克己さんに口をきこうものなら後で梅ちゃんにひどい目に逢うから、気を付けなさいよ。(主婦と生活, 1950, 2月, 40)

일반적으로 다음 3가지로 나눌 수 있는데, 아래의 예(12)와 같이 화자의 가상을 나타내기도 하고, 예(13)과 같이 「人もあろうに」로 표현하여 「う」의 의미를 대상에서 판단해보아 어떠한 가능성을 제시해 주는 의미가 담겨져 있기도 한다. 그리고 「あろうことかあるまいことか。」라는 文에서의 「う」와 같이 전후 문맥으로 볼 때 잠재적으로 허가성을 나타내고 있는 것으로 상상할 수 있다. 이러한 의미를 음미해보면 어디까지나 추량적인 관점이 전제가 되어 있는 표현으로 볼 수 있다.

> **[12]** 川はそこを曲がって深い沼のような所へ入る。橋か曲り角で頭を打ちつけるか、流れて行って沼へ沈みでもしようものなら助からないところだった。(城, 5−3−19)
>
> **[13]** 人もあろうに、どうしてか、其の頃から伊藤はばア様と親しく交わり出した。従来伊藤の気づいてない私の性分をばア様が一つ一つ拾い立てて〜。(途, 5−8−18)

아래의 예(14)~(16)은 「~ようが ~まいが」의 형식을 사용하여 「よう」와 「まい」를 대구적(対句的)으로 나열시킬 뿐 아니라 「~うが」나 「~うと」를 반복시켜 「~うが ~うが」「~うと~うと」와 같이

관용적인 형식으로 사용하는 경우이다. 여기에는 추량의 의미는 전혀 없다고는 볼 수 없으나 전후 문맥으로 보아 「~ても~ても」의 의미를 나타내는 가정적 조건, 가정적 선택의 의미를 부여하고 있는 것으로 보아 일종의 관용구로 분석하고 싶다.

[14] それがあたっていようがあたっていまいが、君は私がこうして筆取るそのもくろみに悪意のない事だけは信じてくれるだろう。(生まれ, 6-5-53)

[15] 世の中ではSocialistと呼ぼうが何うしようが、そんなことは頓着しない。決心した。(トコ, 6-9-6)

[16] 教場で背後から何ほど鉛筆で頸筋を突っつかれようと、靴先で踵を蹴られようと、眉毛一本動かさず瞬き一つしなかった。(途, 5-8-10)

[17] 雨が降ったらこまろうに、あの子はかさをもたずに出かけた。94)

그리고 위의 예(17)과 같이 「う＋접속조사」 형식으로 종속구를 구성한다. 이 형식도 추량 용법의 하나이지만 관용화되어 있다고 볼 수 있다. 주로 「人もあろうに」「事もあろうに」「場所もあろうに」 「なろうことなら」「あろうことなら」와 같이 하나의 부사구와 같이 취급할 수 있다고 본다. 「うに」는 실질적으로 「～だろう, それなのに」라는 의미로 파악되어야 할 것으로 본다.

그리고 「う」에 대한 표현의 특성을 보면 일상어 속에 의지·권유를 나타내는 경우가 많으며 단독추량의 경우에 예를 들면 「いか

---

94) 文化庁(1971), 外国人の為の基本用例辞典, pp.92

れよう」는 「いかれるだろう」「いかれるでしょう」로 대신하여 사용되는 데 어디까지나 「う」는 문장어적인 딱딱함을 표시하며 구문번역조(欧文飜訳調)의 기분을 느끼게 하는 것이다.

「う」의 표현이 문장체에서 추량으로 사용될 경우 독자는 다음과 같은 느낌을 갖게 한다.[95] 즉 상대를 업신여기고 고자세로 뽐내는 모습을 느낄 수 있고 딱딱하면서도 진지한 기분을 느끼게 한다. 무사복이 걸쳐있는 모습과 정색된 모습을 느낄 수 있으며, 그리고 일선을 그은 듯한 느낌뿐 만 아니라 무뚝뚝한 느낌을 자아내게 하는 어감도 갖고 있다. 이 말은 특히 젊은이들에게는 미숙하면서도 어색함을 느끼게 하며 고풍스러운 뉘앙스를 갖게 한다는 것이다.

그래서 「だろう」「でしょう」와 같은 긴장된 표현이 학술논문에서 좋은 호응을 받고 있는 것으로 본다.

그런데 「う」가 아래의 예(18)(19)와 같이 「～うとする」형을 취하여 무정물(無情物)이 주어가 되는 경우 「う」가 유정물(有情物)이 주어가 되는 경우보다 긴장감이 없어 보이며 의미도 가볍게 느낄 수 있는 일반적인 추량용법으로 볼 수 있다. 의지의 표현과 관계 없음을 나타냄으로 자연히 뭔가의 힘에 의하여 다음의 행동이나 상태로 이행되어 가는 기분을 다분히 느낄 수 있다.[96]

이러한 경우의 표현은 유정물이 주어가 되는 경우보다 상당히 적으며 일상회화에서는 쓰이지 않는 편이다. 왜냐하면 원칙적으로 회화어에서 보다 구어문의 문장체에 사용되었으며 구문(欧文)의 번역조로서 채용되었다고 볼 수 있기 때문이다.

---

95) 虫明(1982.3), 助動詞 う・よう, 操山論叢 17巻, pp.20
96) 三尾(1942), 話言葉の文法, pp.104

> [18] その言葉はもう彼の口のところで動いていた。彼は自分の眼
> がその餅の方に動こうとするのをどうすることもできなかっ
> た。(夜, 4−6−21)
> [19] 船から下りたところにある停留場では、故郷の方にわかれて
> 行く汽車が今発とうとして烟を挙げているのを見た。(トコ,
> 6−9−20)
> [20] 昼の光は夜の闇に変わって行こうとしていた。午後になっ
> たと思うまもなく、どんどん暮れかかる北海道の冬を知らな
> いものには、(生まれ, 6−5−4)
> [21] しかも浅はかな私ら人間は猿と同様に物忘れする。四年五
> 年という歳月は君の記憶を私の心からきれいにぬぐい取って
> しまおうとしていたのだ。(生まれ, 6−5−9)

위의 예(20)(21)의 「〜(よ)うとする」는 경우에 따라 행위자의 의지에 관계하지 않고 객관적으로 어떤 사태가 실현되기 직전의 상태를 표현하는 데 사용되기도 한다.

이러한 표현은 시간의 추이에 관련되는 사항에 대해서 표현하는 경우에만 한정된다고 본다.

> [22] すると、その杉叢のようやく尽きかかろうとした坂まで来た
> とき、突然、縄を腰に巻いた一人の若い樵夫が上の方から
> 駆けて来た。(天, 5−2−32)
> [23] また風がくる。風はノボリをうばいとっていこうとする。両
> 手をかけて、初太郎は抵抗する。小走りに走りながら
> ……。(ゲン, 4−3−5)
> [24] 数日来の暖かさで、梅の花が今にも開うとしている。[97]

위의 예(22)~(24)와 같이 「杉叢」「風」「梅の花」가 주어가 되어 행위의 직전사태를 나타내고 있는 표현으로 상당히 의인적(擬人的)인 느낌을 주는 표현의 특성도 발견할 수 있다.

이러한 것으로 보아 「~(よ)うとする」의 표현성은 앞에서 서술한 양태의 「そうだ」의 표현과 상당히 닮아 있는 것으로 생각된다.

다음으로 「ましょう」에 대하여 분석해 보기로 한다.

「ます」에 「う」가 붙은 「ましょう」는 아래의 예(25)와 같이 구어에서 의지나 권유에 오로지 사용되며 예(26)과 같은 추량의 용법에는 드물게 사용된다.98)

> **[25]** もし筆箱がまだもどらなかったら、僕の方からも先生にきいてあげ<u>ましょう</u>。(郵, 4−5−6)
> **[26]** いったい夜学のほうは、とかく学力がおとるのは一つは、予習復習の時間がたっぷりないせいもあり<u>ましょう</u>けど、一つにはたしかに授業時間がじゅうぶんないためだと思います。(郵, 4−5−17)

보충 설명하면 「よみましょう」「行きましょう」 등의 추량형 「ましょう」는 순수 추량형이라 말할 수 없고 추량으로 사용은 하지만 다른 큰 용법이 있다. 즉 「추량」, 「자기 자신의 의향」, 「권유」 세 가지로 의미 분류할 수 있다.99) 「자기 자신의 의향」, 「권유」는 문

---

97) 国立国語研究所 報告3(1951), 現代語の助詞・助動詞, pp.243
98) 辻村(1967.11), 現代の敬語, pp.202

장체에서는 그다지 필요가 없으며, 있다하더라도 「추량」에 비교하면 상당히 적다. 일상생활에서 회화어의 대부분이 「자기 자신의 의향」, 「권유」로 사용되는데 이것은 상당히 공통점이 있을 뿐 만 아니라 「추량」과는 동떨어져 있는 의미가 된다. 「권유」의 용법은 영어의 「Let us」와 같이 자기 자신을 포함하여 복수적(複数的)인 의향을 표시하는 것이다. 이것은 자기 자신과는 다른 반대의향을 갖고 있는 사람에 대해서도 「教えて頂きましょう」와 같이 일종의 명령법으로도 사용되는 것이다.

이렇게 보면 「권유」는 「자기 자신의 의향」에서부터 발전된 용법으로 볼 수 있고 이와는 달리 「推量」의 표현은 화자의 의향과는 완전히 분리된 별종의 개념으로 볼 수 있다.

더욱이 「ましょう」는 아래의 예(27)과 같이 하나의 말로 변하여 간절하면서도 비장한 원망(願望)을 나타내기도 한다.

> **[27]** やがて僕の番がきたら、僕だって背のびしてけんめいにリレーしましょう。それまでに僕の心がしなやかでのびのびと、まちがいもなく、おこりっぽくもなくなるように、なりましょう。(郵, 4-5-24)

그리고 아래의 예(28)과 같은 「ましょうか」는 자신에게 무언가를 할 의지가 있는 것을 표명하고 상대의 찬부(賛否)를 묻는 형태를 취하고 있지만, 표현의 목적은 상대가 어떻게 하는 것을 제일 바랄까 하는 의향을 묻는 것에 있다고 봐도 좋을 것이다.

---

99) 三尾(1942), 상동, pp.234

> **[28]** うんと幼い小学生を想像されるかたもあるかもしれません
> ね。ところが、ちがうのです。まず、名まえをならべてみま
> <u>しょうか</u>。男のほうは嘉吉、倉太郎、竹一、強次、森蔵、
> 虎一、女はフサ、小マツ、みつえ、テツ…。(村, 4-2-29)

다음의 예(29)와 같이 「よ」「ね」를 붙여 상대에게 재촉, 동의(同意)를 첨가하기도 한다.

> **[29]** 「あなたそう思わない?」「あいつらは、いつでもああなんだよ」
> 「先生にいいつけ<u>ましょう</u>よ、ねえ」(青, 4-1-28)

그러나 「いい子だから、もういたずらはやめ<u>ましょう</u>ね。」라는 文에서의 「ましょう」를 보면 형식적으로는 「장난을 그만두자」의 의미로 생각할 수 있지만, 실질적으로는 「장난을 그만둬야 해」라는 완곡적인 명령의 표현으로 볼 수 있다.

결론적으로 「ましょう」는 구두어적인 측면에서 보면, 표현의 분화가 일어나 「자기 자신의 의향」과 「권유」에만 사용하는 성향으로 발전하게 되고 「추량」의 어성은 점점 사용이 줄어들고 있다. 그 대신 순수하게 추량의 의미로 사용될 때는 「でしょう」를 차용하여 사용되고 있는 것이다. 더욱이 희망, 찬부, 동의, 완곡 명령 등의 뉘앙스도 내재되어 있다.

다음으로 추량을 나타내는 조동사 「まい」의 모습에 대하여 알아보기로 한다.

2. 「まい」

　조동사 「まい」의 어성을 보면, 그 접속방법은 두 가지를 들 수 있는데 하나는 5단 동사, 조동사 「ます」에는 종지형이 접속되고 또 하나는 5단 동사 이외 상 1단, 하 1단, カ변・サ변동사, 조동사 「(さ)せる」, 「(さ)れる」에는 미연형이 접속된다. 그러나 이것은 문장어를 중심으로 한 원칙으로 볼 수 있으며 회화어에서는 불규칙적인 모습을 많이 볼 수 있다.

　예를 들면, 상 1단의 경우 「居まい」는 「居るまい」, カ변의 경우 「来(こ)まい」「きまい」「くるまい」로 쓰이고(「くるまい」가 가장 많이 사용), サ변의 경우는 「しまい」「せまい」「するまい」「すまい」와 같이 네 가지 형으로 쓰여 그중 가장 불안정한 모습을 보이고 있다.

　더욱이 5단 동사의 경우 발생시기인 무로마치(室町)의 「抄物」에서도 「知らまい」「付かまい」와 같은 미연형 현상이 있었으며 에도(江戸)에도 미연형 「聞かまい」의 용례도 보이며 현대에서도 예를 볼 수 있다.

　이와 같이 '5단 동사의 종지형+「まい」'이라는 원래의 접속원칙에서 벗어나 사용되고 있는데 방언(近畿지방)에서도 '5단의 미연형+「まい」'로도 사용되고 있다(「あろまい」「要ろまい」「行こまい」). 이러한 접속의 혼란에서도 그중 5단 동사에 접속되는 경우가 가장 안정적이라 할 수 있으며 「あるまい」와 같이 상접어에 「ある」가 오는 경우도 자주 보인다.

　그리고 「まい」의 활용은 무변화이고 미연, 연용, 명령형은 보이지 않으며 「まけれ」라는 가정형도 보이지 않는다. 그 대신 「まいけ

れ(ども)」가 그 역할을 대신하게 된다. 결국 「まい」는 종지형과 연체형만 존재한다고 보며 종지형은 文의 종지 외에 접속조사 「が」「けれども」「し」「から」나 종조사 「か」「よ」를 하접하고, 연체형은 용례가 적어 한정된 형식명사 「こと」「もの」나 조사 「に」에 붙어 사용되고 있다.

그러면 조동사 「まい」표현의 의미를 파악해보기로 하자.

앞에서 설명한 「う」의 의미에 부정을 합한 경우로 보면 된다. 「う」와 마찬가지로 인칭에 따라 의미의 차를 볼 수 있는데 1인칭에 관한 동사에 접속될 때는 부정 의지를, 타 인칭에 관계되는 동사에 접속될 때는 부정추량을 나타낸다.[100]

현대어에서는 부정추량으로 많이 사용되며 「(よ)う＋부정」 형태보다 강한 의미를 나타내고 있다.

그러면 「まい」에 내재하고 있는 「추량」의 의미를 보기로 하자.

「まい」는 부정적인 추량을 나타내며 아래의 예(1)~(3)과 같이 대부분 문장어적으로 사용되는 경우가 많다.

[1] 噫呼、それは大変残念である。では諸君は、まず悲痛なる風博士の遺書を一読しなければなる<u>まい</u>。(風, 5－4－32)
[2] 試験はそれほど難し<u>くあるまい</u>。[101]
[3] お前は侍である。侍なら悟れぬはずはなかろうと和尚が言った。そう何日までも悟れぬ所を以て見ると、御前は侍<u>ではあるまい</u>と言った。(夢, 6－1－6)

---

100) 時枝(1950), 상동, pp.197

101) 日本語教育学会(1982), 日本語教育事典, pp.388

위의 예(2)와 같이 형용사에 붙을 경우에 「~く(は)あるまい」를, 예(3)과 같이 명사나 형용동사에 붙을 경우 「~で(は)あるまい」의 형태를 취하여 사용한다.

그리고 아래의 예(4)와 같이 화자가 사실의 비(非)존재를 추량판단하며 누가 생각해도 그렇게 판단하지 않을 수 없는 확신이 있는 부정추량의 뜻을 표시하기도 한다. 이 경우 「무의지동사 +まい」 형으로 다용되고 있다.

> **4** 大束村は村長と約束をはっきりしたのだから、金の許す限り
> 買おう。戦争は滅多にはある<u>まい</u>。恐れてばかりはいられな
> い。(土, 6-4-31)

또한 아래의 예(5)의 「まい」에는 화자가 마음속으로 의심스러운 점을 여러모로 추량하는 어감을 느낄 수 있다.

> **5** 源作は何事か考えていた。「もう県立へ通らなんだら、私立
> へはやる<u>まい</u>な。早よ呼び戻したらえいわ。」　「うむ。」(セ
> メ, 5-1-22)

아래의 예(6)은 「まいか」형을 사용하여 주체가 객관적으로 제3자의 일을 추정하면서 상대에게 확신을 기하기 위해 다짐하거나 가벼운 의문을 던지는 의미로 사용된다.

그리고 위의 예(7)의「もし(や)〜まいか」형은 가정적 추량표현을 나타내며 앞의 수식어에 따라 뉘앙스가 다양하다.

그런데 원래의「まい」가 갖는 의미 즉 추량적인 용법으로 사용되고는 있지만, 전후 문맥으로 보아 관용적인 표현으로 사용되는 경우가 있다.

예를 들면「まい」가 연체형일 경우를 보면,「あるまいものでもない。」에서의「まい」는 불가능성을 나타내고 있음을 알 수 있고,「あろうことかあるまいことか。」에서「まい」는 금지를 나타냄을 알 수 있다. 이러한 면에서 볼 때 이것은 관용적인 용법으로 사용되는 경우로 볼 수 있다.

그리고「まい」가 종지형으로 사용되는 경우의 예를 들면,「行こうと行くまいと、予定は変えない。」에서의「まい」는 반대사실에 대한 가상이 내재되어 있고, 또한「子供じゃあるまいし、わからないはずはない。」문에서와 같이「まい」는「じゃあるまい」형식을 취하고 있는데 이러한 경우도 일종의 관용적 표현으로 생각할 수 있을 것이다. 즉「子供じゃないだろう」의 의미로는 볼 수 없고「子供ではない」라는 사실을 강하게 지적하여 필연적인 것으로 결부시키고 있는 표현이라 할 수 있는 것이다. 그것은「어린애라면 하는 수 없지만」이라는 의미를 나타내고 있는 것으로 실질적으로는 추

량의 의미가 희박하다고 볼 수 있다.

　그러면 다음에는 추량표현의 조동사 「だろう」에 대하여 살펴보기로 한다.

3. 「だろう」

　먼저 「だろう」의 어성에 대하여 분석해보기로 한다.

　「だろう」는 체언, 부사, 동사, 형용사, 일부조동사의 종지형에 접속한다. 아래의 예(1)(2)와 같이 활용형은 종지형과 연체형만 보이는 데 종지형은 다용되고 있지만 연체형은 드물게 사용된다. 예(2)의 연체형은 번역어조의 영향으로 볼 수 있으며 익숙하게 느끼지 않는 표현이라 할 수 있다.

> [1] 今晩しようがないから、駅の前でブラブラしようかさ、どっか公園で夜明ししようかさ、そういうこと考える<u>だろ</u>?－－あんた男の人とは全然利害関係ってのはないわけ<u>だろ</u>?－－ある?(録, 81호, 87)
>
> [2] 十二月の荒い太平洋を横切って進みながら彼女は自分を待っている<u>だろう</u>母と、外国へ遣して来　た佃のこととを思いつづけた。(伸子, 宮本百合子)

　「だろう」는 추량형식으로 독립하여 사용되며, 「でしょう」는 「だろう」와 문체의 차이 이외 동일하다고 본다.

　화자의 여러 가지 정보나 주위상황을 근거로 어떤 사항을 사실이라고 인정할 수 있는 가능성이 있다고 화자가 판단하는 경우에 사용된다. 판단대상은 단정할 수 없는 사항을 모두 포함하며 현재, 미래, 단순상상도 판단근거가 될 수 있다.

그리고 「だろう」에는 과거의 사항이나 이미 실현된 사항의 추량일 때는 아래의 예(3)~(5)와 같이 「~ただろう」「~だろうと考えた」「~だろうと思った」 등을 사용하여 나타낸다.

> **[3]** あんなにいっしょうけんめいになって、ナンバン粉を作ったんだもの、祖母だって、吉五郎さへの憎しみを、なんとか晴らしたかっ<u>ただろう</u>。(ナン，4-3-37)
> **[4]** おさななじみのふたりが早晩はそんなことになる<u>だろう</u>とはだれにでも<u>考えられていた</u>のだが。
> (村，4-2-22)
> **[5]** 私はもしも自分が雪子と結婚していたら、彼女の純潔を尊敬して、こういう惨めな破綻は訪れない<u>だろうと思った</u>。(途，5-8-28)

또한 「だろう」는 「と思う」의 뜻으로 「辞」로의 전환, 강조표현, 「と思う」의 인용형으로 볼 수 있다. 위의 예(5)와 같이 「だろうと思う」라는 형식은 「だろう」로 통괄된 판단을 한 번 더 다른 표현으로 명확하게 하는 것으로 볼 수 있다. 「だ」는 「と」, 「ろう」는 「思う」에 각각 상당한다.[102]

그리고 「だろう」의 반대표현으로 아래의 예(6)과 같이 부정적 추량 「ないだろう」로 쓰며, 이것은 「まい」의 새로운 교체표현이라 할 수

---

102) 吉田(1971), 상동, pp.352,533

있다. 정중체로서「ないでしょう」는「ますまい」에 상당할 것이다.

> 6 もっとも他人の子だったらああまでひどく差別待遇をすること
> は外聞が悪くて出来ないだろうから、 あれはやっぱり自分
> の子だからこそ出来るのだ、(女中, 4-4-16)

다음의 예(7)과 같이 구문적으로「だろう」를 이끄는 문이 독립적으로 제시되어 추량형으로 종지함으로서 삽입문 전체가 하나의 부어(副語)의 역할을 하는 것으로103) 형태적으로는 독립되어 있지만 의미는 그렇지 않다.「でしょう」「ございましょう」도 경어체적인 면에서 다를 뿐 마찬가지로 본다.

> 7 彼女は一番あとから、ぼつぼつ行っている呉服屋の坊ちゃん
> に、息子のことをたずねようと考えた。坊ちゃんは、兄の若
> 旦那と、何事か--多分試験のことだろう--話しあって
> 笑っていた。(電, 5-1-19)

그러면,「だろう」표현의 의미에 대해서 분석해보기로 한다.
「だろう」에는 아래의 예(8)~(10)의「だろう」에서와 같이 어떤 사항에 대하여 그런 추량판단을 현재 내렸음을 직접 표현하는 뜻이 있다.

---

103) 三尾(1942), 話言葉の文法, pp.182~184

경우에 따라 아래의 예(11)의 「だろう」와 같이 어떤 사항에 대하여 객관화할 때는 「〜と思う」「〜と考える」 등이 첨가되는데 이것 역시 문(文)주체의 추량이 내재되어 있다.

청자, 제3자의 추량판단을 할 때 아래의 예(12)와 같이 「思う」가 첨가되며 예(13)과 같이 「らしい」 등이 명기되는 일이 많다.

이와 같이 제3자의 일에 순수하게 객관적 추량판단을 내리고 외

---

104) 倉持(1980), 상동, pp.113

계(外界)의 객관적인 일에 대하여「そう思われる」라는 극히 보통의 추량적 판단을 나타낸다.「だろう」표현에서 주어가 2·3인칭 경우의 용법이 가장 많이 보인다.

그리고 아래의 예(14)(15)는「ほら~だろう」형식을 취하여 상승 인토네이션을 나타내는데 상대에게 승인을 요구하는 표현으로 객관적 사실에 대한 화자의 판단추량을 나타낸다.

> [14] 金網にすがってこうもりのようにぶらさがった。「ほら、あそこに、ほら白い屋根が見えるんだろう、」(白, 5－10－26)
>
> [15] 深川は危ねえってんで、　ほら知ってんだろう?　東清倉庫に避難したんだよ。あそこは石だから燃えねえや。そいでもって一ぱい人が逃げて来てよ。(白, 5－10－34)

다음의 예(16)(17)와 같이「~たら」「~と」등 가정(仮定)의 전제 조건구를 내세워 가상의 뜻을 나타내고 있는데 불확실한 상상을 나타내고 있는 것으로 볼 수 있다.

> [16] 「~姉さんにもああいうことがあったら、そんなに苦しまずにも済むだろうかと思うんですが。」(ある女, 6－3－30)
>
> [17] それを思うと、わたしも少女時代にかえった心もちになり、その夜は寝床のなかへはいってからも思いだしてはにこにこしていました。おとくさんも小マッちゃんもヨネやんもくるだろうか。嘉吉や宗市や強次もあつまるだろうか。昼間あった倉太郎はあの孫をつれてくるだろう。みんなどんな顔をして、よってくるだろう。(村, 4－2－33)

또한 다음의 예(18)의 「だろう」 표현은 상대에게 염려는 하고
있지만 뭔가 자기 자신에게 타이르고 훈계하는 말로서 약간의 단
언성이 내재되어 있는 표현으로 볼 수 있다.

아래의 예(19)는 「どっちが〜だろう」 형식을 취하고 있는 데 전
후의 문맥으로 보아 선택적 추량을 표시하는 것으로 생각된다.

그리고 예(20)의 「〜だろうが」는 당연의 의미로 사용되고 있으
며, 다짐(念押し)의 「〜ではないか」로 대체 가능하다. 이러한 표현
도 역시 추량적인 측면에서 받아들일 수 있다고 본다.

뿐만 아니라 위의 예(21)(22)의 「だろう」는 「뭔가 믿을 수 없을 정도」로 경탄한다든가 또는 영탄적인 곡조가 내포되어 있는 느낌으로 표현되고 있다. 그것은 배후에 원인·이유를 찾으려는 성격이 담겨 있으나 의심을 품고 있는 것이 아니라 최대의 판정을 내리고 있는 일종의 추량표현으로 볼 수 있다.

가. 「のだろう」

일본어의 문말에서 「だろう」에 조사 「の」를 상접한 「のだろう」가 다용되고 있는데 그 어성을 알아보기로 하자.

아래의 예(23)~(25)의 「のだろう」는 부정칭 부사 「何うして」「幾何」「一体」 등을 동반하는 경우에 사용되고 있다. 이것은 단순한 의문추량의 의미를 넘어서 「そうした」「そうである」라는 사실을 매우 강조하는 표현으로 사용된다. 이러한 관점에서 볼 때 추량표현 구조에서 단언성을 엿볼 수 있는 부분이다.

[23] 是はきっと別の音が大根おろしの様に自分に聞こえるのに極っていると、すぐ心の裡で覚ったようなものの、さてそれなら果してどこから何うして出るのだろうと考えるとやっぱり分らない(変, 6−1−27)
[24] ただ白い鬚をありたけ生やしているから年寄りと言う事だけは別る。自分は子供ながら、此の爺さんの年は幾何なんだろうと思った。(夢, 6−1−10)
[25] 一體なにをしているのだろう。なんだかひどいことをする。そう思って峻は目をとめた。(城, 5−3−21)

그런데 「のだろう」는 다음의 예(26)(27)와 같이 사실사항을 근거로 도출되는 추량 측면에서의 판단표현이기도 하다. 이 경우 「のだろう」 표현이 「だろう」보다 자연스럽게 느껴진다.

> [26] あの人の夫がまだかえってこないんだろう。あのひっつめ髪からみると、くらしがたいへんだろうなあ。(郵, 4-5-12)
>
> [27] 僕の空想は、なぜ試験中だというのに、おちついてこまかくなっていくのだろう。やっぱりローソクの光とかげのやわらかい、(郵, 4-5-28)

아래의 예(28)과 같이 「のだろう」는 원인・이유를 추량하여 판단하는 표현으로 볼 수 있으며, 예(29)(30)은 「だろ」「んだろ」의 형식 즉 단호형(短呼形)으로 취하고 있는 표현이다. 이러한 형식은 일상어에서 자기 자신이 추량 판단한 것을 동시에 상대에게 확인하게 하는 의도를 나타내기도 한다.

> [28] 「兵隊が寝ている。如何したんだろう」と従弟は百姓家の方をのぞきこんで言った。(十一月, 6-4-7)
>
> [29] 胸にたくらみをひそめたふたりが、家の裏で話しあう。「今に出すだろ。出してよこしたら、見ていろ、ちきしょうめ」(ナン, 4-3-29)
>
> [30] 「それはそうと、バスガールさんはどこへ行ったんだろ。見えんね」と市島はあたりを見回して言った。(天, 5-2-27)

이와 같이 「だろう」「のだろう」에는 추량적인 관점에서 서로 동일

한 점도 발견되지만 엄연히 표현성의 정도에 따라 구분되기도 한다.

그러면 다음으로 「だろう」에 대한 문장체로 「であろう」의 모습을 보기로 한다.

나. 「であろう」

문장체인 「であろう」의 어성에 대해서 분석해보면 이것은 무변화형으로 「だろう」와 마찬가지로 활용형이 종지·연체형만 있다. 접속은 체언 및 용언의 종지·연체형에 접속한다. 「だろう」와 대체로 동일하나 문체적인 차이만 있을 뿐이며 객관적으로 제3자의 사항에 대해서 추량 판단하는 표현이다.

몇 가지 특성을 보면, 먼저 「であろう」의 변형으로 아래의 예 (31)에서와 같이 「じゃろう」(또는 「やろう」)가 있는데 일반적으로 대화어나 심중어(心中語)에 사용된다. 예(32)에서의 「であろう」의 경우에서는 생략하여 사용하더라도 원래의 의미는 전혀 변화하지 않는다.

> **[31]** ミネはそれに気をとられてじっと見ていた。「ミネ、もう帰
> なんか。たんのうした<u>じゃろう</u>。」(村, 4-2-19)
> **[32]** 若し雪子と結婚していたら、田舎の村で純樸な一農夫とし
> て真面目に平和な生涯をおくる<u>であろう</u>こと、寵栄を好ま
> ない<u>であろう</u>こと、彼女と日の出と共にはたに出、日の入
> りには、くわや土瓶を持って並んで家に帰る<u>であろう</u>こと。
> (途, 5-8-29)

그리고 「であろう」는 아래의 예(33)과 같이 「だろう」의 문장체로 사용되며, 형용사의 경우는 「であろう」보다 예(34)와 같이 「かろう」가 일반적으로 사용되는 특성을 가지고 있다.

> **[33]** 女は頭を桃割れにゆっていた。きっとお祭りのための髪で<u>あろう</u>と思いながらミネは見ていた。(村, 4-2-14)
> **[34]** 「持とう。」「なアに。」「<u>重たかろう</u>が。」 若者は黙っていかにも軽そうな容子を見せた。(蠅, 5-2-5)

「であろう」의 부정형은 아래 예(35)와 같이 「ないであろう」(=まい)를 취하여 사용된다.

> **[35]** けれども偉大なる子は、決して直接の父を要し<u>ないであろう</u>。(哀, 6-9-37)

더욱이 다음의 예(36)의 「であろう」는 심중에 있는 독백어로 사용되는 경우도 있으며 주석적(註釈的)으로 문중(文中)에 삽입되어 사용되기도 한다.

> **[36]** 馬車はいつになったら出るの<u>であろう</u>。宿場に集まった人々の汗は乾いた。しかし、馬車はいつになったら出るの<u>であろう</u>。これは誰も知らない。(蠅, 5-2-7)

다음으로 「であろう」가 나타내고 있는 의미를 보면 아래의 예 (37)(38)에서와 같이 「である」와 닮아 추량보다 지정(指定)판단에 가까운 의미가 있음을 알 수 있다. 그렇지만 다분히 추량의 의미 소(意味素)가 내재되어 있다고 본다.

> [37] 之でこそ日向だ。初めて日向にぶつかったと言う気がした。 之は霞の具合が実によかったせいで<u>あろう</u>。(土, 6-4-22)
>
> [38] これはある精神病院の患者、─第二十三号がこれにでも しゃべる語である。彼はもう三十を越している<u>であろう</u>。 (河, 6-7-3)

아래의 예(39)(40)과 같이 의문부사를 상접하고 아래에 「であろうか ら」「であろうか」를 붙여 이유나 의문추량을 표시하기도 한다.

> [39] 再び静かになった。それは無言のうちに撤退を勧告してい た。<u>何故なら</u>、次の砲弾は壕の上に落ちて来る<u>であろうか ら</u>。(鶴, 4-8-34)
>
> [40] ほど無く私は幾らかの喝采の声に慢心を起こした。そして <u>何時しか</u>私は、独りぼっち<u>であろう</u>とする誓約を忘れてし まったの<u>であろうか</u>。(途, 5-8-12)

그리고 「であろう」는 위에 부사나 조건구를 동반하여 개연적·가정적 추량을 나타낸다. 아래의 예(41)~(43)과 같이 「勿論~であろう」「おそらく~であろう」「~なら ~であろう」형을 취하여, 「勿論」「おそらく」 등의 진술부사나 「なら」「たら」와 같은 가정을 나타내는 표현과 호응관계를 이룬다.

> [41] 女の子のその遊びは、九時近くまで寝ている私へのあてつけ
> では勿論なかった<u>であろう</u>けれど、私には、やはりそれと同
> じ役目をはたした。(絵, 4-10-4)
> [42] 表書の字は上手な女文字であり、裏がえすと、<u>おそらくは</u>
> 母親<u>であろう</u> ── 福井さま、という名前がかかれてあっ
> た。(絵, 4-10-11)
> [43] それに気候がよく、暖国らしい感じがした。ここなら友達
> がしきりとやりたがっているオリブもよく育つ<u>であろう</u>。
> (土, 6-4-28)

아래의 예(44)(45)와 같이 「〜であろうか」나 「〜であろうと」를 반복 사용하여 주저・예시하는 선언적(選言的) 추량을 나타낼 수 있다.

> [44] このことは、学校がよく出来る<u>であろうか</u>、学校友達との
> 折り合いは都合よく行っている<u>だろうか</u>、というようなこと
> を常々気遣って下さるお母様にとっては、まことに物足り
> ないことでございましょう。(母, 6-6-33)
> [45] ぽんぽん<u>であろうと</u>、丁稚<u>であろうと</u>、人間にちがいはあら
> へんねで。(がしんたれ, 菊田一夫)

더욱이 「であろう」는 주어가 보통 2・3인칭이 사용되는 데 1인칭에 사용될 경우 예(46)과 같이 자기를 객관화하여 확신적으로 말할 때 사용되는데 여기에는 추량의 의미가 미세하게 내재되어 있는 것으로 보아야 할 것이다.

[46] 年よりも若い第二十三号はまず丁寧に頭を下げ、ふとんの
ない椅子を指さす<u>であろう</u>。それから憂鬱な微笑を浮か
べ、静かにこの話を繰り返す<u>であろう</u>。最後に、——— 僕は
この話を終わった時の彼の顔色を 〜。(河, 6−7−3)

그러면 다음에는「であろう」의 표현성에 대해서 알아보기로 한다.

추량표현 가운데 이「であろう」는 다른 추량어휘와 비교해보면 눈에 띄게 특이한 다른 면을 보이고 있다. 그것은「であろう」에 추량과 미래라는 표현성을 갖고 있는데 또 다른 면으로는 하나의 단언성(斷言性)을 나타내고 있는 점이 특이하다. 그러면「であろう」의 표현에는 어떠한 성격이 있는지 생각해보자.

첫째, 일본어에서는 미래의 사항에 대한 추량·상상·가능성 등을 미래형으로 표현한다. 그러나 정해진 명백한 사항이 미래의 일이라도 현재형으로 사용되는 것이 보통이라 본다. 그렇지만 미래형을 사용하여 오히려 확실한 사항이 중후하게 느껴질 때나 강한 확신이 표현되는 경우도 있다.[105]「であろう」의 표현에는 미래와 추량이 얽혀 있다고 보는데, 상접동사가 계속동사·순간동사일 경우 미래성을 갖게 되는 것이다.

예를 들면,

(a) ほうびを取らせる<u>であろう</u>。(殿様 → 家来)
(b) 叩けよ、さらば開かれる<u>であろう</u>。(聖書)

---

105) 永野(1956.3), 日本語の未来形, 聖書協会報, 13巻1号, pp.226～231

예(a)에서 「殿様」가 「家来」에게 직접적인 의지표현 「~取らせよう」를 쓰지 않고 보다 간접적인 표현 「取らせるであろう」를 취함으로서 단순히 있을 수 있는 것을 표현하는 것이 아니라 단언성(「殿様」의 책임, 보증)이 있는 표현이다. 또한 예(b)와 같이 확신적이라 할 수 있는 성서 내용에서도 단언적으로 볼 수 있다.

위의 예(a)(b)와 같이 「であろう」로 표현함으로서 「殿様・神・魔法師・予言者」 등의 미래형 표현에 사용할 수 있는 특성을 발견할 수 있는 것이다.

이와 같이 현상을 지배하는 입장에 있는 자의 말 중, 표현 측이나 받는 측이 반드시 실현되는 확신이 있다고 본다면. 일본어에 있어서는 미래형으로 표현되더라도 단순한 개연성을 나타내는 것이 아니라 확실한 것을 나타낼 수 있다. 동시에 거기에는 권위와 위엄, 중후함이라는 여운이 남아서 성서원전을 번역하는 데에 적절한 어법이 될 수도 있는 것이다.

또한 논문 등 필자가 확신을 갖고 주장하는 경우에도 「であろう」를 사용함으로서 추량・상상이 아닌 필자의 강한 신념으로부터 문 전체에 중후한 뉘앙스를 갖게 하는 표현법이 될 수 있는 것이다.

둘째, 일본의 「公用文作成の要領」에 보면[106], 공용문에서 추량을 나타내기 위해서는 「であろう」를 사용하며 「う」「よう」를 사용하지 않는다는 규정에 있을 만큼 상당히 문장적인 표현이라 본다.

더욱이 「であろう」의 표현 특성에 대한 앙케트 조사에 의하면[107],

---

106) 内閣官房長官名義(1952年4月)

107) 林(1964), 「であろう・だろう」の表現価値, pp.211

단정하지 않다, 모호한 표현, 불확실, 추측, 추량, 미래, 미래의 상상, 예상,
예언의 표현, 신(神)의 말, 신화적(神話的) 내용, 장중한 느낌, 중후함, 신
비적인 여운, 번역조

라는 문체적 성격이 있다고 한다. 이것을 보면 또한 「だろう」, 「で
しょう」와 다른 어감을 느낄 수 있는 것이다. 결국 「であろう」는
불확실한 표현태도를 느낄 수 있는 어휘이면서도 장면에 따라 중
후한 느낌의 예언적인 표현이나 신비적인 내용도 느낄 수 있는 특
이한 표현성을 갖고 있다고 볼 수 있다.

그러면 「だろう」와는 문체적으로 다를 뿐 대체적으로 동일한 「で
しょう」에 대해서 분석해보기로 한다.

먼저 「でしょう」에 대해서 보면, 「でしょう」는 하나의 말로 취
급해도 무방할 정도로 독립성이 강하며 「と思う」에 상당할 정도의
어법이라 할 수 있다. 「でしょう」 앞에 이어지는 「の」는 그 접속
여부는 문제가 되지 않으나, 「の」가 있음으로 해서 「の」가 없는
경우보다 앞의 서술문을 더욱 강조하게 한다.[108] 「雨がふるでしょ
う」와 같이 「の」가 붙지 않고 직접 용언에 접속되는 것이 보통인
데 이러한 점은 「のです」에 용언이 직접 접속하는 경우와 다르다
고 본다.[109]

---

108) 松村(1947.8), 「の」の一つの用法について, pp.348

109) 「のです」는, 다음의 예와 같이 「です」 위에 지정어 「の」가 오는 이중지정 표현으로
    서, 자주 구어체에서는 「んです」로 변형되어 사용되기도 한다. 또한 준체조사 「の」
    로 묶어 체언화하는 성질이 있고 그것을 긍정적인 단정으로 표현하기 위하여 「です」
    로 받아낸다.
    예) そしてみっちゃんをせんとうに、おフサさん、小マッちゃんが手に手にごちそうを
        持ってあらわれました。女たちはごちそう係りだった<u>のです</u>。(村, 4-2-34)

위의 예(1)(2)는 『言語生活』의 「録音器欄」의 한 장면인데 (1)의
「デショウ」나, 단호형(短呼形)을 취하고 있는 예(2)의 「デショ」는
자기 자신이 추단(推斷)한 것을 동시에 상대에게 확인하기도 한다.

이와 같이 「でしょう」는 자기 자신이 알고 있는 사실이나 사태
의 판단을 서술하고 그러한 사항을 공손히 상대에게 전하여 동의
혹은 확인을 요구하면서 추량을 표현한다. 추량의 경우 모두 화자
의 추량을 나타내는 것이 큰 특징인데 이것은 화자의 판단만을 나
타낸다고 하는 時枝의 조동사론이 뒷받침되고 있는 것이다.

아래의 예(3)~(5)와 같이 위에 「どんなに」「どう」「何」 등의 의
문어가 붙어 의문·질문·반어(反語)를 나타내면서 추량적인 어감
을 내재하고 있다.

　　┌───┐
　　│ **4**　彼女をその病院に訪問するとは禁じられました。が、明けの │
　　│ 　　朝になると、<u>どうでしょう</u>、彼女はもう退院していました。 │
　　│ 　　(母，6－6－23) │
　　│ **5**　それに、彼女がなお頻繁に彼女の病院へ出入りすることを継 │
　　│ 　　けているのは<u>何のためでしょう</u>。(母，6－6－23) │
　　└───┘

　「でしょう」는 아래의 예(6)과 같이 종지형「です」보다 상상・추량의 도가 강하며, 공손한 태도로 화자의 긍정 판단을 나타낸다.「です」의 완곡 표현이기도 하며「です」보다 여러 가지로 뉘앙스가 풍부하다고 본다.

　　┌───┐
　　│ **6**　もちろんどの河童も目金をかけたり、巻煙草の箱を携えた │
　　│ 　　り、金入れを持ったりはしている<u>でしょう</u>。(河，6－7－10) │
　　└───┘

　그리고「です」는 단정형으로 사용되는데 비하여, 예(7)과 같이「でしょう」는 대략의 단정(おほよその斷定)을 표현하는 말이며 단순한 추량을 나타내기도 한다.[110]

　　┌───┐
　　│ **7**　汗をかいてシャツ一枚でかいた絵だったら、きっと君のむず │
　　│ 　　かしい注文にもあう<u>でしょう</u>。さようなら。(郵，4－5－23) │
　　└───┘

　특히 여성어에서는「いくらですか → おいくら<u>でしょうか</u>」「いか

───────────────

110) 松村(1947.8), 상동, pp.347

ほどですか→ いかほど<u>でしょうか</u>」와 같은 발문(発問)의 방법으로 사용되는데 이것은「さうでない場合もありそうだ」「さうでないとは思われるが一応きいてみる」[111]라는 어감일 때 사용되는 경우가 많다. 바꾸어 말하면 조심스럽고 소극적인 질문에 많이 사용되는 것이다.[112] 이러한 표현방법은「ですか」로 질문을 할 때 단지 정중함을 포함하여 사용하는 경우이다.

그러면「雨が降るでしょう」「雨が降りましょう」라는 양 표현을 예를 들어「でしょう」와「ましょう」를 비교해 보기로 한다.

이 양 표현은 미래의 상태를 나타냄과 동시에 경양(敬讓)의 마음을 내포하고 있으며, 여기에는 또한 추량의 의미도 포함하고 있는 것이 공통점이다.

방송매체의 일기예보에서 화자가「降る<u>でしょう</u>」「降り<u>ましょう</u>」를 방송했을 때 여기에 대한 청자의 반응을 보면[113] 대상자 50%가「ましょう」의 사용을 반대하고 있는데, 그 이유로 다음과 같은 표현성을 들고 있다.

> 귀에 익지 않을 뿐 아니라, 화자의 의지가 내포되어 있다.「권유」로 한정하는 것이 바람직하며, 부정확한 감이 내재되어 있다. 단정인지 추정인지 불확실하며 약간은 신뢰되지 않는 말이다. 그리고 강하게 발음하면 신경 쓰일 뿐 아니라, 강요하는 듯하여 기분이 불쾌하다.「ましょう」,「ましょう」하면 귀에 그슬린다.「でしょう」쪽이 회화어로 자연스러운 표현이며 확실한 표현으로 감지된다.

---

111) 三尾(1942), 話言葉の文法, pp.222～223

112) 三尾(1942), 상동, pp.231

113) 각 전문분야 대표적 문화인을 대상으로 한 앙케트 조사 [菅野(1967),「降るでしょう」と「降りましょう」, pp.345～346

이와 같이 여러 가지의 뉘앙스를 느끼면서 「ましょう」를 거부하고 있다.

그러나 「ましょう」의 사용을 찬성하는 사람들은 그 이유를,

현대어법으로 가능하며 「でしょう」는 화자의 단정을 내포하는 말일 뿐 아니라 직접표현으로 느낌이 나쁘다.

고 하여 「ましょう」의 표현을 찬성하고 있는 것이다.

이와 같이 다양한 이유가 있기 때문에 「降りましょう」 표현을 그다지 바람직스럽게 생각하고 있지 않다. 그러나 방송용어에서 추량을 나타내는 「ましょう」를 사용하기에는 이와 같이 찬반의 여론이 있지만 아직도 현대어법에서는 허용되고 있는 것이다.

다. 표현의 차이

그러면 「だろう」를 중심으로 각 표현의 차이를 비교해 보기로 한다.

a. 「だろう」와 「のだろう」

먼저 이 양 표현을 인토네이션에 의한 관점에서 보아 상승조의 「だろう」와 하승조의 「のだろう」를 상정하여 비교해 보기로 하자.

(a) 金物屋なら売っている*だろう*。(↗)
(a') 金物屋なら売っている*のだろう*。(↘)

(a-1) 金物屋なら売っている*だろう*と思う。(×)
(a'-1) 金物屋なら売っている*のだろう*と思う。

(a)의 상승조 「だろう」는 추량·상상을 나타내지 않고 상대가 화자와 동일한 판단을 하는 것을 기대하는 어기(語気)임에 반하여, (a')의 하승조 「のだろう」는 추량·상상을 나타낸다고 볼 수 있다.114) 이 경우에 혹자는 「構うな, 放っとけ」의 어기를 느낄 수 있다고 한다. 또한 예(a-1)의 상승조 「だろう」는 「と思う」가 첨가되지 않으나 예(a'-1)의 「のだろう」는 첨가될 수 있다고 본다. 게다가 상승조 「だろう」는 상대라는 대상이 필요하지만 하승조 「のだろう」는 상대가 필요 없는 독백으로 사용된다고 봐야 할 것이다.

b. 「～から～だろう」와 「～から～のだろう」

그러면 근거가 되는 내용을 동일시하고 「から」를 동반하는 경우의 「だろう」, 「のだろう」를 상정해보자.

　(b) とても喜んでいる*から*、合格した*だろう*。
　(b') とても喜んでいる*から*、合格した*のだろう*。

일반적으로 위의 예(b)의 「～から～だろう」 형식은 「から」에 의해서 나타나는 사실을 전제로 하여 거기에서 어떠한 결과가 도출되어 나오는지를 예측하는 것이어서 어느 정도 객관적인 인과(因果)관계로 연결되어 있다. 이것에 비해 위의 (b')의 「～から～のだろう」는 「から」에 의해 나타나는 사실로부터 그 배후에 사실을 뒷받침하는 원인·이유를 추측해서 서술하고 있는 것으로 생각할 수 있다. 예를 들어, (b')의 「～から～のだろう」는 「とても喜んでいる」라는 일을 근거로 그것을 원인 이유로 하여 「合格した」라는 사실

---

114) 森(1953.7), だろうの二種, 言語生活 22号, pp.13

을 추측하고 있는 것이다. 요컨대「合格した」라고 하는 추측의 내용은「とても喜んでいる」라는 것이 원인·이유가 됨으로 객관적인 인과관계로서는「合格したから、とても喜んでいる」라고도 할 수 있는 것이다. 이와 같은 점에서 보면「のだろう」는「マラソンの競技でもある*のだろう*、道の両側に人が大ぜい出ている。」라는 문에서의「のだろう」와 실질적으로는 같은 용법이라고 해도 좋을 것이다. 그리고 이러한 류의 표현에서는 어떤 추측을 도출하여 그 실마리가 되는 사실은「から」의 형태 이외에도「学生がないところを見ると、授業はもう終ったのだろう。」 문에서와 같이「〜と、〜のだろう」의 형식도 사용되기도 한다.

> (b-1) 先週の日曜日、雨が降っていた*から*、先生は山へ行かなかった
> *だろう*。
> (b'-1) 先週の日曜日、雨が降っていた*から*、先生は山へ行かな
> かった*のだろう*。

위의 예(b-1) (b'-1)에서「雨が降っていた」라는 것「先生」가「山へ行かなかった」라는 것 모두 화자에게 있어서 사실로 받아들이는 사항이다. 하지만 무엇이 추량판단의 대상이 되는가는 이들의 사실을 인과관계로 받아들이는 그것이다. 다시 말하면,「先生」가「山へ行かなかった」라는 이유로「雨が降っていた」라는 사실에 결부시켜 단정을 피하는 추량표현으로 볼 수 있다.

예를 들어 예(b'-1)의「のだろう」를 예(b-1)과 같이「だろう」로 바꾸어 놓는다면「山へ行った」인지「山へ行かなかった」인지는 미지(未知)의 일이지만「雨が降っていた」라는 사실을 근거로 해서 「山へ行かなかった」 쪽의 개연성이 큼을 나타내게 된다. 즉 「だろう」로 바꾸어 놓으면 단순한 개연성을 서술하고 있는데 지나지 않는다고 할 수 있다.

요약하면 「～から～のだろう」는 그 배후에 그와 같은 사실을 받치는 원인·이유를 추측하지만 「～から～だろう」는 어느 정도 객관적인 인과 관계를 갖고 있으며 사실내용의 개연성이 훨씬 크기 때문에 「～から～のだろう」와 전혀 다른 표현이라 할 수 있다. 이 경우 흔히 「～と、～のだろう」로 대체하여 사용할 수 있다.

c. 「～なら、～だろう」와 「～なら、～のだろう」

  (c) 日本なら一人でも行けるだろう。
  (c') 日本なら一人でも行けるのだろう。
  (c-1) 試験が終ったら休むだろう。
  (c'-1) 試験が終ったら休むのだろう。

위의 예(c), (c-1)의 「～なら、～だろう」, 「～たら、～だろう」는 각기 설정한 조건 중에서 어떤 결과가 얻어지는지를 개연성에서 추측하는 데 지나지 않는다. 그것에 대해 (c'), (c'-1)의 「～なら、～のだろう」, 「～たら、～のだろう」는 개연성의 범위 안에서 표현되는 점에서는 (c), (c-1)과 같지만, 설정한 조건과 그것에서 얻어지는 결과와의 연결이 필연적인 것으로 받아들이는 면은 더욱 강하다고 본다. 다시 말하면 경험적인 지식 등을 전제로 해서 설정된 조건이 근본이 되어 당연히 그와 같은 결과를 얻을 수 있는 기분이 강하게 포함되어 있는 것이다. 다만 그것을 객관적인 사실로

단정하는 것을 피한다는 의미에서 추량의 형식을 취하고 있는 것
이다. 그러한 점에서는 「にちがいない」의 형에 의해서 나타나는
표현내용과 거의 차이가 없다고 말할 수 있다.

위의 예(c), (c'-1)에서는 전부 가정조건을 전제로 하고 있지만
다음과 같이 「から」에 의해 제시된 기정(既定)의 사실에서도 마찬
가지로 해석할 수 있다. 즉

「運動したくないと言っていたから、運動したくないのだろう。」

라는 문에서 「～から～のだろう」는 「運動したくない」라는 것이
이미 사실로 되어 있다면, 앞에서 설명한 「～から～のだろう」와 같
은 용법이 되지만 「運動したくない」라는 것이 불확실한 것으로 쓰
인 표현이라면, 위와 같이 「運動したくないと言っていた」라는 사
실과 「運動したくない」라는 사실을 필연적인 관계로 결부시키려는
기분이 강하게 나타나 있는 표현이라 할 수 있다.

이상과 같이 「だろう」와 「のだろう」에 대해서 알아보았는데 이
양 표현은 「무엇을 추량하는 가」에 대해서는 차이가 없다고 본다.
설정조건에서 결과 도출을 개연성에서부터 추측하는 것은 동일하
지만 「のだろう」는 설정조건과 도출결과의 결합성이 여러 경험적
지식 등으로 보아 필연적인 면이 강한데 비하여 「だろう」는 그 필
연성이 약하다고 본다. 그리고 「のだろう」는 객관적인 사실로 단
정을 회피한다는 의미에서 추량을 취하고 있기 때문에 「にちがい
ない」에서 나타나는 확신도와 거의 동일하다고 볼 수 있다. 그리

고 「のだろう」는 「のだ」가 단정적인 판단을 표현하는 것에 대한 추량 판단이고 그 사용조건은 「のだ」의 그것에 거의 따른다고 볼 수 있다.

요컨대 「あのお菓子はおいしい — あのお菓子はおいしい<u>のだ</u>」의 관계가 「あのお菓子はおいし<u>いだろう</u> — あのお菓子はおいしい<u>のだろう</u>」의 관계와 대응하기 때문이다.

d. 「だろう」와 「であろう」

  (d) 午後は雪が降る<u>だろう</u>。
  (d') 午後は雪が降る<u>であろう</u>。

다음으로 「だろう」와 「であろう」를 비교해 보면 (d)의 「だろう」는 회화나 심어적(心語的)인 지문(地の文)의 용어로 사용되지만 (d')의 「であろう」는 회화에는 그다지 사용되지 않고 심어적인 지문에만 사용된다고 설명할 수 있다.

그리고 양어 모두 추량의 의미가 당연히 내재되어 있는데 (d)의 「だろう」는 상대에게 찬동을 구하거나 호소하는 표현으로도 사용되지만 (d')의 「であろう」에는 그런 용법이 없다. 용법과 용례는 「だろう」보다 적게 보이며, 특히 문장체에 많이 사용된다.

e. 「だろう」와 「そうだ」(樣)

  (e) この店のお菓子はおいしい<u>だろう</u>。
  (e') この店のお菓子はおいし<u>そうだ</u>。

다음에는 「だろう」와 양태의 「そうだ」에 대한 표현을 비교해보자.

예(e)의 「だろう」는 「この店のお菓子はおいしい」라는 사실을 추량으로 말하는 것보다 「おいしい」라고 단언함을 약화시키는 표현이다. 즉 「だろう」는 화자가 「이렇다」라고 잘라 말하기를 삼가고 단정적인 어감을 보류할 때 사용하는 방법이다. 신중하게 말할 때나 또는 뭔가 자신이 없을 때 그리고 불확실한 사실로 인하여 단언을 삼가 하게 될 때 사용된다.

그것에 비하여 예(e')의 양태 「そうだ」는 「菓子屋」의 실내 분위기에서 어쩐지 「おいしい」라는 주관적인 어감을 느끼게 된다. 「この店のお菓子はおいしい。」라는 상황을 예상하고 추량하는 것이 주안이 아니라, 「この店のお菓子はおいしいかもしれない。」라는 상황을 현상에서 풍기고 있다. 즉 일의 성립이나 실현이 가상이 아니라 미래에 그렇게 될 것이라는 것을 예상하는 표현이다.

    (e-1) 一昨日送った小包は着いた*だろう*。
    (e'-1) 一昨日送った小包は着き*そうだった*。(?)

그리고 위의 예(e'-1)의 「そうだ」 문은 적절하지 못하다고 보는데 그것은 어디까지나 현상을 근거로 한 주관적 판단이기 때문에 현재의 일이나 막연한 미래의 일에 대한 표현밖에 사용할 수 없다. 그래서 예(e'-1)의 「そうだった」와 같이 완료나 과거의 문에는 사용되지 못한다. 거기에 비해 예(e-1)의 「だろう」는 시제에 관계없이 미래·현재·과거·가상에도 사용된다고 본다.

f. 「だろう」와 「ようだ」

「だろう」는 「ようだ」에 비교하면 객관적 근거가 아주 약할 뿐 아니라 추량되는 판단이 불확실하다고 본다.

 (f) 今年の経済のことなら、田中先生に聞けばわかる*だろうと思う*。
 (f') 今年の経済のことなら、田中先生に聞けばわかる*ようだと思う*。(?)

예(f) (f')와 같이 「と思う」를 접속하는 경우를 보자.

「と思う」는 객관적 근거가 극히 약한 심적 표현이기 때문에 (f')와 같이 객관적이고 확실한 표현에 의하여 추량되는 「ようだ」에는 붙기 어려우며 (f)의 「だろう」문에서는 추량의 객관적 근거가 매우 약화되어 있음으로 자연스러운 표현이 될 수 있다.

 (f-1) 人生とは*いったい何だろう*か。
 (f'-1) 人生とは*いったい何のよう*か。(?)

예(f-1) (f'-1)와 같이 의문사가 사용되는 경우에도 객관적 근거가 매우 약함으로 반드시 「だろう」밖에 사용 못한다. 또한 여기에는 인토네이션이 내재되어 있는 문으로 볼 수 있음으로 「ようだ」의 사용은 적절하지 못하다고 본다.

g. 「だろう」와 「らしい」

「だろう」는 화자의 단순한 예상·추측을 나타내는 것에 비하여 조동사 「らしい」는 객관성이 있는 근거가 뒷받침되는 경우에 사용된다.

(g) この状態なら心配しなくてもいい<u>だろう</u>。
(g') この状態なら心配しなくてもいい<u>らしい</u>。

예(g)(g') 모두 의사가 환자의 증상을 보고 하는 표현이다. 걱정하지 않아도 된다는 판단이 서 있을 때의 발화 내용이다. 그러나 여기에는 상황의 차이가 있다. (g')의 「らしい」는 걱정하지 않아도 되는 적극적인 상황 즉 환자의 증상이 엑스레이 등 세밀한 검진결과, 이전보다 확연한 차이가 인정될 때의 표현이라 할 수 있다.

그러나 예(g)의 「だろう」는 (g')의 「らしい」와 같은 객관적인 조건이 구비되어 있지 않지만 보기에는 환자에게 걱정할 만한 모습이 눈에 띄지 않기에 「心配しなくてもいい」라는 주관적 판단을 내리는 표현으로 볼 수 있다.

(g-1) 大きい窓を開け<u>ても</u>風は入らない<u>だろう</u>。
(g'-1) 大きい窓を開け<u>ても</u>風は入らない<u>らしい</u>。

위의 예(g-1)(g'-1)는 접속조사 「ても」의 형식을 취하고 있는 문말호응에 관한 표현형식이다. (g-1)의 「だろう」는 「窓を開ける」의 행위가 기정의 사실을 나타내는 것에 대해 (g'-1)의 「らしい」는 「窓を開ける」를 가정하여 표현하는 경우로 볼 수 있다.

다음으로 조동사류로 볼 수 있는 「かもしれない」와 「にちがいない」에 대하여 분석해보기로 한다.

다음으로 「かもしれない」「にちがいない」에 대한 의미용법 및 표현성에 대하여 응급해 두기로 한다. 이러한 표현은 조동사로 품사를 분류하지는 않지만, 문말의 기능으로 보아 조동사의 특징과 너무나 흡사함으로 永野나 森田는 「複合辞」로 분류하고 있는데[115] 본서에서는 추량을 나타내는 조동사류에 넣어 분석하기로 한다.

1. 「かもしれない」

먼저 「かもしれない」의 접속에 대하여 살펴보자. 아래의 예(1)과 같이 체언에, 예(2)~(5)와 같이 용언의 종지형, 예(6)(7)과 같이 형용동사의 어간에 접속하여 사용된다. 특히 예(8)과 같이 부조사나, 예(9)(10)과 같이 준체조사 「の」에 많이 접속되어 불확실한 추량을 나타내고 있다. 경우에 따라 예(3)(5)와 같이 「かも知れん」「かも分からない」형으로도 사용된다.

아래의 예(2)(3)(8)과 같이 부사 「もしかしたら」「あるいは」「なるほど」와 호응하는 형식을 갖고 있으며 예(9) (10)와 같이 「ひょっとして」「ことによると」를 동반하여 개연성이 작음을 나타낼 뿐 아니라 우연성을 기대하는 표현으로 사용되고 있다.

---

115) 永野(1970), 상동, pp.180~185. 森田(1989), 日本語表現文型, pp.250~260

[1] 「ええ、それから八木先生がね、今日は御婦人の会でありま
　　 すが、私がかような御話をわざわざ　致したのは少々考がある
　　 ので、こう申すと失禮かも知れませんが、婦人というものは
　　 とかく物をするのに正面から近道を通って行かないで、(吾輩
　　 は猫である, 漱石)

[2] もしかしたら、おかっぱの頭に赤いリボンをつけた少女や、お
　　 かあさんの手あみの毛系のセーターを着た元気のよい少年のす
　　 がたであるかもしれないし、あるいは、もうすこしばかりおと
　　 なになった女学生や中学生を思いうかべたり、うんと幼い小学
　　 生を想像されるかたもあるかもしれませんね。(村, 4-2-29)

[3] 「なるほど真理はその辺にあるかも知れん。下宿を続けている
　　 僕と、新たに一戸を構えた君とは自から立脚地が違うからな」
　　 と言語はすこぶるむずかしいがとにかく余の説に賛成だけは
　　 してくれる。(琴のそら音, 漱石)

[4] 禅坊主の碁にはこんな法はないかも知れないが、本因坊の流
　　 儀じゃ、あるんだから仕方がないさ(吾輩は猫である, 漱石)

[5] 孤独。独りわ恐いょ。誰も失いたくないよ。でも人が恐いん
　　 だ。いつ裏切られるかも分からない恐怖の中、あたしは生き
　　 てる。でも限界が来てるのかもしれない。
　　 (http://white.ap.teacup.com/fine/3.html) － DOLENTE

[6] これは奥さんに特色がないというよりも、特色を示す機会が来
　　 なかったのだと解釈する方が正當かも知れない。(こころ, 漱石)

[7] そう、それじゃ仕方がない。だけどこないだのように蝙蝠傘
　　 (こうもり)を買って下さる御金があるなら、保険に這入る方
　　 がましかも知れないわ。(吾輩は猫である, 漱石)

[8] こういう感じを先生に対してもっていたものは、多くの人の
　　 うちであるいは私だけかも知れない。(こころ, 漱石)

[9] 「ひょっとしてあの時の痩我慢を破裂させているのかも知れな
　　 い。」そんなことを思って聞いていると、(城, 5-3-23)

[10] こうやって極楽水を四月三日の夜の十一時に上(のぼ)りつつ
　　 あるのは、ことによると死にに上ってるのかも知れない。
　　 (琴のそら音, 漱石)

예를 들어 「飛行機がおちるかもしれない。」라는 文에서 생각해 보면 이러한 표현은 개연성이 작기 때문에 만일의 경우를 상정하여 보험에 들 때 사용되는 발화 장면이라 생각된다. 굳이 양적 규정을 짓는다고 할 때 50% 또는 그 이상, 그 이하로 상황마다 표현이 다르다고 할 수 있다.116) 그럼으로 「だ」「だろう」로 표현할 수 없는 것, 즉 명확한 근거를 얻을 수 없는 경우에 사용된다고 본다.

더욱이 「かもしれない」에는 다음과 같은 표현성이 내재되어 있다.

아래 예(11)(12)의 「かもしれない」와 같이 화자가 어떤 사항을 추량하는 경우에 그것을 부정하는 다른 가능성을 언외(言外)로 포함하면서 하나의 가능성으로서 받아들일 수 있는 기분으로 표현된다. 다시 말하면 그것을 부정하는 다른 가능성도 화자자신이 동시에 의식하고 있는 경우에 사용된다고 본다.

이것은 완곡 표현의 하나로 사용될 수 있으며 명확한 근거를 내세우기를 회피하려는 심리요인이 작용되고 있다고 할 수 있다.

> **11** 自分はまだ若いじゃありませんかといって慰めたら、いやいや何時どんな事があるかも知れない。もう五十六だからと言って、妙に沈んで仕舞った。(クレ, 6-1-40)
> **12** 縁は不思議なもので、もしこの竹垣が破れていなかったなら、吾輩はついに路傍に餓死したかも知れんのである。(吾輩は猫である, 漱石)

---

116) 倉持(1980), 상동, pp.125

그리고 아래의 예(13)(14)의 「かもしれない」 표현은 객관적으로 확정적인 사실이라 하더라도 의도적으로 자신의 말에 대하여 책임지고 싶지 않을 경우에 사용되기도 하며 단순한 가능성으로 암시하기도 한다.

> [13] 教師の家にいると猫も教師のような性質になると見える。要心しないと今に胃弱になる<u>かも知れない</u>。(吾輩は猫である, 漱石)
> [14] いまのようなあかるいきれいなローソクでなくって、もっとボウボウ黒いけむりをたてる、なにか動物のあぶらからとったもの<u>かもしれない</u>。(郵, 4−5−26)

또한 아래의 예(15)(16)와 같이 「かもしれない」는 뭔가 억지로 빈정대는 듯한 어감을 갖고 완곡적으로 표현될 때에도 사용되고 있다.

> [15] この金は多いと思う人には多い<u>かも知れない</u>。少ないと思う人には実に少ないであろう。(土, 6−4−16)
> [16] 下女は自分より猫の方が上等な動物であるような返事をする。実際この家では下女より猫の方が大切<u>かも知れない</u>。(吾輩は猫である, 漱石)

또한 아래의 예(17)~(20)와 같이 현시점에서 과거의 사항을 나타낼 때는 「~たかもしれない」로 과거 시점에서 표현할 때에는 「~かもしれないと思った」「~かもしれなかった」로 사용하는 경우가 많다.

[17] そして運よく、もう帰ったかも知れないと言われている。(十一月, 6-4-23)

[18] 彼は周囲の笹の鋭い葉叢を眺め、今の自分たちもこれで山野を楽しくうろついている狼の感覚に似て来ているかもしれないと思った。(天, 5-2-24)

[19] 果して夫の言う通りならば、こんな寒い荒蕪地の中に暮らしているより何れほど好いかも知れなかった。(トコ, 6-9-18)

[20] 特別の事情のない限り、私はついに先生を見逃したかも知れなかった。(こころ, 漱石)

2.「にちがいない」

「かもしれない」에 비해「にちがいない」는 어떠한 어성이 있는지 알아보기로 한다.

먼저「にちがいない」의 접속에 대하여 살펴보자. 아래의 예(1)과 같이 체언에, (2)~(4)와 같이 용언의 종지형, (5)와 같이 형용동사의 어간에 접속하여 확실성이 매우 높은 추량을 나타내고 있다.

[1] 俺の家だと思えばどうか知らんが、てんで俺の家だと思いたくないんだからね。そりゃ名前だけは主人に違いないさ。(琴のそら音, 漱石)

[2] しまいには「あなたは私を嫌っていらっしゃるんでしょう」とか、「何でも私に隠していらっしゃる事があるに違いない」とかいう怨言も聞かなくてはなりません。私はそのたびに苦しみました。(こころ, 漱石)

이 표현은 어떤 사실이 확실하다고 단정할 수 없지만 화자가 그 사실이 진실이라고 강하게 확신함을 나타내는 것이다. 자기의 생각이나 추측 등을 자기 스스로 확인하고 납득하는 독백과 같은 형식의 문맥에 사용되고 있다.[117] 그래서 회화문이나 「地の文」에 다용되는 것이 일반적이며 그러한 제한이 없는 「かもしれない」와 비교해보면 큰 차이가 있다고 볼 수 있다.

또한 이것은 하나의 구(句)이지만 문법적으로 더욱 작은 단위로 분석할 수 있다. 하나의 연어(連語)의 형식을 취하여 조동사의 성격과 마찬가지로 「辞」의 용법으로 사용되고 있는 것이다. 이것은 반드시 조사 「に」를 개입하여 「文」에 접속시켜야 된다.[118] 예를 들면

---

117) 寺村(1957), 日本文法(上), 大蔵省, pp.98
118) 国広(1982), 言葉の意味3, 平凡社選書73, pp.96

예(6)과 같은 표현은 성립될 수 없다고 본다. 그것은 「Sにちがいない」의 형식을 취하여야 되기 때문이라 볼 수 있다. 이 표현은 사태를 확신적으로 추량하기 때문에 상당히 폭넓고 다양한 상황에서 사용할 수 있는 단정(斷定)에 가까운 표현으로 판단된다.

다음의 예를 분석해보기로 하자.

[7] また一応安全の地帯にちがいなかったから、そこにもぐりこむことは少なくとも外見の気おくれを表わした。(出, 4－9－19)

[8] それは拡大されて、土くれが一つ一つ見えたが、それには足跡らしいものは一つも見えなかった。矢野は何らの足跡も残さず、それを跳び越えて行ったのに違いなかった。(鶴, 4－8－32)

[9] 国境線に沿って、一本の捧杭が立っていて、それはむかし道標として立てられたものに違いなかっ たが、今は何の用にも立たず、さびれ、黒ずみ、たたずんでいた。(鶴, 4－8－7)

위의 예(7)~(9)의 「にちがいない」는 화자가 객관적인 증거를 잡고 있지 않지만 어떤 사항을 그것 이외에는 생각할 수 없다고 확신하고 있는 의미를 나타내고 있다. 위의 예(7)과 같이 그러한 확신을 얻을 수 있는 근거는 특히 표현 면에 나타나지 않는 경우도 있지만 예(8)(9)와 같이 확실히 명시되어 있는 일도 있다.

[10] そりゃ病気に違いない。伝染するかも知れん。(吾輩は猫である, 漱石)

[10'] そりゃ病気だ。伝染するかも知れん。

위의 예(10')는 「病気」이라는 사실을 화자가 알고 있어서 그렇게 주장하고 있는 것을 나타내고 있다. 그러나 예(10)는 「病気」인지 어떤지 확인은 하고 있지 않지만 분명히 그렇다고 주장하고 있는 것이다. 화자가 그렇게 생각하는 근거는 있지만 객관적인 것이 아니고 주관적인 것이라도 좋다고 하는 의미를 갖게 하는 표현이라 할 수 있다.

[11] なるほどあの男の事だから正月は遊び廻るのに忙がしいに違いないと、主人は腹の中で迷亭君に同意する。(吾輩は猫である, 漱石)

[12] 本当に論文を書きかけたのか」と鈴木君の合図はそっち除けにして、熱心に聞く。「よく人の云う事を疑ぐる男だ。——もっとも問題は団栗(どんぐり)だか首縊(くびくく)りの力学だか確かと分らんがね。とにかく寒月の事だから鼻の恐縮するようなものに違いない。(上同)

위의 예(11)(12)은 「~から、~にちがいない」의 문의 형식으로 사용되고 있다. 문맥상으로 보아 확신을 얻을 수 있는 근거가 확실히 명기되어 자연스러운 표현이 될 수 있지만

[13] あのドラマの主人公は独身だから、夫はいないにちがいない。(?)

와 같은 「~から、~にちがいない」라는 문에서는 「独身だから、

夫はいない」라고 생각할 수밖에 없는 절대적인 근거가 존재하고 있기 때문에 「にちがいない」로의 표현방법은 성립될 수 없는 비문법적표현이 되는 것이다.

이와 같이 문말의 술어로서 사용되고 있는 경우에는 현재 시점에 있어서 화자 자신의 판단에 한정되며, 만약 타인의 의중(意中)을 나타내는 경우라면, 「君は彼が犯人にちがいないと思っているのかね。」, 「彼女はぼくがまだ結婚していないにちがいないと考えていた。」와 같이 「と思う」「と考える」를 첨가하는 인용형식을 사용해서 나타내고 있다. 그리고 화자 자신의 경우에 있어서도 과거에 그러한 확신을 품었다고 하는 경우에는 「私は子供の時、自分がいじめられているにちがいないと思った」와 같이 「と思った」라는 인용형식을 사용한다. 그리고

> **[14]** ブラウンさんは日本語の先生なら、日本語の会話ができるにちがいない。
> **[15]** もし私が亡友に対すると同じような善良な心で、妻の前に懺悔の言葉を並べたなら、妻は嬉しい涙をこぼしても私の罪を許してくれたに違いないのです。(こころ, 漱石)

위의 예(14)(15)라는 문에서 「〜なら、〜にちがいない」는 「日本語の先生」「懺悔の言葉を並べた」라는 전제조건에서 도출되어 「ブラウンさん」「妻」에 대한 화자 자신의 확신을 나타내는 데에 표현의 주안점을 두고 사용되는 데에 특징이 있다.

그리고 어떤 견해나 상대의 주장에 확실성이 높다고 인정하고

그것과는 다른 자기의 주장을 전개시키는 경우에 사용되기도 한다. 즉 아래의 예(16)과 같이 「たしかに」 등과 같은 진술부사가 동반되기도 하고, 아래의 예(17)과 같이 계조사 「は」가 삽입된 「にちがいはない」의 형태를 취하여 대비적(対比的)인 효과를 나타내는 표현으로 사용되기도 한다.

[16] その代り、その岡の陰から微かに一節の煙のようなものが立ち昇っているのに、兵隊は気付いたのである。<u>たしかに</u>、そこには少なくとも一軒の農家が ―― 数字ではなしに、一つの生活が営まれているのに<u>違いなかった</u>。(鶴, 4−8−16)

[17] それは、私が幼かった頃から教えこまれていた ―― 新兵さんよ起きろよ、はよおきろ、おきなきゃ古参兵に叱られる、という起床ラッパの節には<u>違いなかった</u>が、私には勇しい軍隊の起床ラッパと はきこえず、(絵, 4−10−4)

결국 하나의 구(句)와 같이 닮아 있는 이 「にちがいない」 표현은 어떤 사항에 대하여 「間違いない」라는 신념에 근거를 두고 있기 때문에 「もしかすると~かもしれない」와 같은 불확실하고 자신이 없는 추량에는 적용시킬 수 없다고 본다. 더욱이 「Nにちがいない」의 의미는 「N」의 내용이 실제로 맞는지 어떤지를 확인할 수는 없지만 주관적으로는 틀림없이 「N」이라고 생각하기 때문에 「だろう」보다 확신의 정도가 강함을 보여주는 표현이라 할 수 있다.

3. 표현의 차이

가. 「かもしれない」와 「にちがいない」

  (a) ひょっとして体がどこか悪い<u>かもしれない</u>。
  (a') たしかに体がどこか悪い<u>にちがいない</u>。

위의 예(a)의 「かもしれない」는 화자가 대상의 인물에 대하여 「体がどこか悪い」라고 하는 사항을 명확히 근거를 얻을 수 없을 뿐 아니라 심리적으로 그러한 현상의 사실을 회피하려는 기분이 내재되어 있다. 거기에 비해 예(a')의 「にちがいない」는 화자가 대상에 대해서 「体がどこか悪い」라는 사실이 진실 된 것이어서 예(a)의 「かもしれない」보다 강한 확신을 동반하면서 단정에 가깝게 나타내는 표현이라 볼 수 있다. 또한 예(a')의 「にちがいない」는 객관적인 근거(手がかり)가 있든 없든 「体が悪い」라는 사실 이외에는 달리 생각할 수 없는 뉘앙스를 지니고 있는 표현인 것이다.

그리고 무엇보다 거기에는 호응하는 진술부사에 따라 표현의 차이를 발견할 수 있다. 즉 예(a)의 「かもしれない」는 「ひょっとして」「あるいは」 등 우연성이 큰 부사와 호응하며, 예(a')의 「にちがいない」는 「たしかに」「なるほど」 등 확신성이 큰 부사와 호응하는 특성이 있어 분명한 차이를 볼 수 있다.

나. 「かもしれない」와 「だろう」

그러면 다음으로 「かもしれない」와 「だろう」에 대한 표현의 차이를 보기로 하자.

(b) 雨が降る<u>かもしれない</u>。
(b') 雨が降る<u>だろう</u>。

위의 문에서 (b')의 「だろう」는 뭔가의 근거에 의하여 어떤 사항이 사실로 받아들일 수 있는 가능성을 적극적으로 인정하려는 입장에 선 판단을 표시함에 비해, (b)의 「かもしれない」는 그것을 부정하는 다른 가능성을 언외(言外)로 포함하면서 하나의 가능성으로서 받아들일 수 있다는 기분으로 추량하는 경우에 표현된다. 이것은 또한 완곡 표현의 하나로 사용될 수 있으며 명확한 근거를 내세우기를 회피하려는 심리요인이 작용되고 있다고 할 수 있다.

부사의 호응 면에서는 예(b')의 「だろう」는 개연성이 큰 부사 즉 「おそらく」「だぶん」「かならずや」「きっと」 등과 호응함에 비해 예(b)의 「かもしれない」는 개연성이 작은 것을 나타내며 우연성을 기대하는 부사 「もしかしたら」「あるいは」「ことによると」 등과 호응하는 것에 차이가 있다고 본다.

예를 들면

(c) もしかしたら飛行機がおちる<u>かもしれない</u>。
(c') おそらく飛行機がおちる<u>だろう</u>。

와 같이 보험가입의 예를 상정해서 생각해보면, 예(c')의 「だろう」와 같이 생각하여 보험에 드는 것이 아니라 예(c)의 「かもしれない」 의미로 생각하여 보험에 드는 것이다. 이것으로 보아 「だろう」와 「かもしれない」는 확실한 차이를 볼 수 있다.

그러면 다음으로 각각의 추량표현에 대하여 「추량도의 관점」에서 살펴보기로 한다.

　　이상과 같이 각 추량표현의 의미 및 어성·표현성·표현의 차이에 대해서 분석해보았다.

　　그러면 하나의 사태에 대하여 추량의 근거가 어느 정도 화자의 주관적 판단에 의하는지 또는 다른 정보에 의한 객관화 또는 사태에 대한 실현가능성의 측면에 있어서, 각 추량표현들의 순서는 어떤지 분석해보기로 한다. 먼저 기존의 연구를 검토해보기로 한다.

　　金田一은 「ようだ」「らしい」「そうだ(様)」에 대하여 「〜ト推定サレル状態ニアル」(또는 属性ヲモッテイル)를 나타내는 조동사라고 서술하고 있는데 여기에는 다소의 차이가 있다고 한다. 즉 사태는 추량되는 사실에 대하여 「そうだ(様)」 → 「らしい」 → 「ようだ」의 순으로 강해진다는 것이다.[119]

　　그리고 森田은 어떤 사태에 대한 화자의 심리적 거리의 대소에 따라서 「みたいだ」 → 「ようだ」 → 「らしい」 → 「だろう」의 순으로 심리적 거리가 커진다고 서술하고 있다.[120] 여기서 말하는 심리적 거리의 대소는 화자의 객관성·주관성의 정도(程度)를 말하는 것으로 보아야 할 것이다.

　　또한 日野는 사태에 대한 추량의 확실성을 「かもしれない」 → 「そうだ(様)」 → 「ようだ」 → 「だろう」 → 「らしい」의 순으로 실현의 확실성이 약한 표현에서부터 높은 표현 쪽으로 배열할 수 있다고

---

119) 金田一(1953), 상동, pp.45

120) 国広(1982), ことばの意味, pp.94

말한다.[121]

또한 倉持는 실현가능성에 대하여「かもしれない」를 50%의 가능성 혹은 그 이하 그 이상의 정도로 그 양을 규정하고 있다.[122]

그러면 본서에서는「先ほどから雨が降っているかもしれない。」라는 표현에 있어서「かもしれない」가 50% 가능성을 갖고 있을 때를 기준으로 한다면, 다른 추량표현의 실현가능성은 어느 정도가 될 것인지 그리고「らしい」와「にちがいない」를 기준으로 할 때 각 표현의 주관성과 객관성이 어느 정도인지를 설명하기로 한다.

「かもしれない」가 이 정도의 가능성으로 보는 것은 화자가 어떤 사항을 추량하는 경우에 그것을 부정하는 다른 가능성을 언외로 포함하면서 하나의 가능성으로서 받아들일 수 있는 어성이기 때문이다.

그러면「先ほどから雨が降っている」라고 하는 동일한 사태에 대해서 각 추량표현의 모습을 보기로 하자.

「先ほどから雨が降っているにちがいない。」

위와 같은「にちがいない」표현은 화자가 객관적 증거는 잡고 있지 않지만「先ほどから雨が降っている」라는 사태 이외에 아무 것도 생각할 수 없다고 확신하고 있는 추량이다. 이럴 경우 확신을 얻을 수 있는 근거가 나타나 있는 경우도 있지만 그렇지 않는 경우도 있을 것이다.

이와 같은「にちがいない」표현은 단정의 의미에 가까운 추량표

---

121) 日野(1975), 상동, pp.55
122) 倉持(1980), 상동, pp.125

현이기 때문에 주관성의 정도가 매우 강함이 인정된다. 여기서 객관성의 정도는 조금도 없고 그 사태에 대한 실현가능성이 꽤 높은 표현으로 생각된다.

　「先ほどから雨が降っている<u>だろう</u>。」

이 「だろう」에 의한 표현은 「先ほどから雨が降っている」라는 사태에 대하여 어느 정도의 근거가 존재하는 경우로 보는 데 화자의 판단으로는 단순히 추량되는 표현이라 할 수 있다. 즉 화자의 여러 가지 정보나 주위상황을 근거로 어떤 사항을 사실이라고 인정할 수 있는 가능성이 있다고 화자가 판단하는 경우에 사용된다. 판단대상은 단정할 수 없는 사항을 모두 포함하며 현재, 미래, 단순상상도 판단근거가 될 수 있다.

이 「だろう」 표현은 앞의 「にちがいない」의 표현에 비해서 주관성이 약하고 객관적 정보는 약간 제시되어 있다고 보며, 사태에 대한 실현가능성은 어느 정도 보이고 있어서 「かもしれない」 표현보다는 강하다고 말할 수 있다.

　「先ほどから雨が降ってい<u>そうだ</u>。」

이 양태의 「そうだ」에 의한 표현은 화자가 집 바깥의 모습에 대해서는 확실히 알지 못하지만 조금 전에 외출해서 들어올 때는 비가 오고 있었던 상황으로 보아 바깥에는 지금도 비가 오고 있을 것으로 추량하는 표현이다. 본서에서는 「先ほどから雨が降ってい

る」라는 사태의 모습이 시각적인 판단에 의하여 추량되는 경우로
본다.

　양태의 「そうだ」는 앞의 「だろう」의 주관성 정도보다 약하다고
보며 다른 곳에서부터 정보를 얻을 수 있는 느낌은 조금 내재되어
있어서 「先ほどから雨が降っている」라는 사태에 대한 실현가능성
의 확률은 「だろう」보다 강하다고 생각한다.[123]

　　　「先ほどから雨が降っている<u>ようだ</u>。」

　이 「ようだ」에 의한 표현은 화자가 창문을 넘어보니까 이슬비같
이 판단되어 「雨が降っている」 모습은 확실하지는 않지만 건너편
건물의 담장 벽이 젖어 있다든가 아스팔트가 젖어 있는 상태로 보
아 아무래도 비가 내리고 있는 기분이 든다고 말할 수 있는 상황
이다.

　이 「ようだ」의 표현은 주관적으로 「雨が降っている」라는 화자의
심정은 앞의 양태 「そうだ」보다 적은 정도로 볼 수 있고 객관적인
정보성은 상당히 높을 뿐 아니라 「雨が降っている」라고 하는 사태
에 대한 실현 확률도 양태의 「そうだ」보다 높다고 볼 수 있다.

---

123) 만약, 「先ほどから 雨が降っているそうだ。」와 같이, 전문을 표시하는 「そうだ」 표
　　현으로 발화된다면, 추량도의 관점에서 볼 때, 이것은 「雨が降っている」라고 하는
　　사태의 정보를 화자가 책임의 여부에 관계없이 정보내용 그대로 전하려고 하는 판
　　단이 내재되어 있기 때문에 주관적 판단의 정도는 전혀 존재하고 있지 않다고 본다.
　　거기에 비해 전달내용이라는 관점이 중심이 됨으로 객관적 성질은 의심할 여지없이
　　높은 표현으로 생각된다. 라디오 TV 등 매체물의 일기예보에서 「明日は雨が降るそ
　　うです。」라는 표현이 사용되었을 때, 「明日は雨が降る」라는 사태는 현대의 과학
　　적 장비나 고도의 관측기술로 상당히 정밀함이 인정됨으로 이 전문의 「そうだ」표현
　　은 그 실현가능성이 매우 높은 표현이 될 수 있다고 본다.

「先ほどから雨が降っている<u>らしい</u>。」

　위의　조동사　「らしい」의　표현은　「雨が降っている」라고　확신할　수　있는　객관적인　정보를　근거로　말하는　경우에　사용된다고　본다.　집　창문에서　건너보면　길을　걷고　있는　사람들이　모두　우산을　받치고　있고　지나가는　자동차의　본네트에서　김이　올라오고　있거나　빗방울이　튀고　있어　이것을　근거로　해서　추량하고　있는　경우라　할　수　있다.

　이　조동사　「らしい」에　의한　표현은　주관적　입장에서　말하면,　그　정도는　극히　약하다고　볼　수　있다.　그러나　사태　실현의　가능성은　극히　높다고　말할　수　있다.　「雨が降っている」라고　하는　사태를　확신하게　하는　'우산'　'빗방울'이라는　객관적　정보가　뚜렷이　제시되어　있는　것이다.

「先ほどから雨が降っている<u>かもしれない</u>。」

　이　경우의　「かもしれない」　표현은　뭔가의　근거에　의하여　어떤　사항이　사실로　받아들일　수　있는　가능성을　적극적으로　인정하려는　입장에　있지　않고,　그것을　부정하는　다른　가능성을　언외로　포함하면서　하나의　가능성으로서　받아들인다는　기분으로　추량하는　경우이다.　즉　「先ほどから雨が降っている」라는　사태에　대한　실현가능성은　극히　희박하다고　본다.　그러나　주관성으로　볼　때는　「ようだ」보다　강하다고　보며　양태의　「そうだ」보다는　약하다고　본다.　또한　객관적인　정도로　볼　때　이　「かもしれない」　표현은　「先ほどから雨

が降っている」라는 뭔가 객관적으로 확정적인 사실이 있다 하더라도 의도적으로 자신의 말에 대하여 책임지고 싶지 않고 명확한 근거를 내세우기를 회피하려는 심리가 작용됨으로「ようだ」보다 약하다고 본다.

결론적으로「先ほどから雨が降っている」라는 사태에 대하여 각 추량표현은 다음의 <표-3>와 같이 제시할 수 있다고 본다.

<표-3>

[각 표현의 추량도]

추량표현 화자의 태도	にちがいない	だろう	そうだ(〜様)	かもしれない	ようだ	らしい	う	まい
주관적 판단의 정도	6	5	4	3	2	1	×	×
객관적 정보의 정도	0	1	2	3	4	5	×	×
실현가능성의 정도	7	2	3	1	4	5	×	×

* 비고: 1) 상기표의 숫자는 그 수치가 높을수록 정도가 강함을 나타낸다.
    2) 각 표현에 대한 화자의 주관적판단의 정도와 객관적 정보의 정도는 각각「らしい」와「にちがいない」를 기준으로 한다.
    3) 사태에 대한 실현가능성의 정도는「かもしれない」를 1로 하여 기준 한다. 그것은 화자의 표현이 언외의 가능성이 있음으로「先ほどから雨が降っているかもしれない」라 할 때, 비가 오지는 않지만 만에 하나 비가 올지 모르는 경우로 볼 수 있기 때문이다.
    4)「先ほどから 雨が降っていよう」에서의「う」,「よう」표현은 일상어에서 사용되는 추량의 경우 딱딱하고 고풍스러운 번역조의 어감이 다분히 들어 있는 문장어적인 표현임으로 점차「降っているだろう」,「降っているでしょう」로 대신하여 사용되고 있다. 위의 표에서는「う」,「よう」표현을 대상에서 제외하기로 한다.
    5)「先ほどから雨が降っているまい」의「まい」표현도 문장어적인 표현으로「ないだろう」의 의미로 사용되는 추량표현이다.「だろう」에 귀속시키고 여기서는 제외한다.

　그러면 문학작품에 있어서 「추량표현」은 어떻게 나타나 있는지 그 표현의 현상에 대하여 살펴보기로 한다.

　다음에 제시되는 <표-4><표-5><표-6>에서 大正, 昭和(戰前), 昭和(戰中・戰後)로 시대를 나누어 실태를 파악한 것은 전쟁을 전후한 일본의 국내외적 상황과 환경이 불안감으로 팽배되어 있고 미래를 예측할 수 없는 불확실한 사태들이 점철되어 있는 시대인지라 문학작품에도 영향을 끼칠 것이 분명하며 어휘적인 모습에도 영향을 끼칠 것으로 생각했기 때문이다.

　6집(1-10권, 大正期)의 특징으로 다음에 제시한 <표-4>에서와 같이 1권에서 10권까지에서 부정형 「～そう(に)もない」는 6집 5권(有島武郎, 「生まれいずる悩み」)에서 유일하게 보일 뿐 아니라 이 작품에는 추량을 나타내는 어휘가 171예로 가장 많이 나타나 있는 작품이기도 하다. 그것은 有島가 이 작품에서 주인공인 예술가의 내면적인 활기를 인도주의적 경향으로 나타내고 있으며 작품명에서도 보듯이 정신적이고 심리적인 「悩み」가 문체적인 추측표현에 걸맞게 나타나 있는데 기인한다고 본다. 거기에 비해 6집 8권(菊地寬, 「忠直卿行狀記」)에서는 63예로 가장 적게 나타나 있는데 그중에서 「でしょう」「ましょう」 표현은 전무하다. 그것은 아마 「忠直卿行狀記」에서 보듯이 인간다운 대등관계가 없었던 봉건체제하에 한 인간을 묘사하고 있는 부분이 대부분 문장체의 형식으로 표현되어 있기 때문이라 본다.

전체적으로 보아 6집의 문학작품에는 추량의 표현이 911예로 후설하는 5집<표-5> 4집<표-6>에 비해 훨씬 많이 표현되어 있다.

<표-4>

시대	추량표현 / 문고집	ようだ	らしい	そうだ(様)	そうに(も)ない(様)	う	ましょう	まい	だろう	のだろう	(の)であろう	でしょう	かもしれない	にちがいない	합계
大 正	6-1	4	3	12		28	2	4	11	3		1	3	4	75
	2	3	2	2		41	2	11	1				8	8	78
	3		4	11		37	4	6	2			7	3		74
	4	1	6	18		42		1	9	2	2	3	8	1	93
	5	7	18	19	1	69		11	21	12		3	3	7	171
	6	2	12	14		18	18		9		1	21	9	3	107
	7	4	8	12		15	6	3	1		5	36	11	10	111
	8	1	10	2		29		3	4	3	6		3	2	63
	9	2	3	11		31	5	2	5	1	3	3	3	1	70
	10		5	7		39	3	2	4	3	1	2	2	1	69
	계	24	71	108	1	349	40	43	67	24	18	76	53	37	911
	%	2.7	7.8	11.8	0.1	38.2	4.4	4.7	7.5	2.7	1.8	8.3	5.8	4.2	100

* 비고: 1) 도표상의 숫자는 추량표현의 빈도수이다(%는 비율).
2) 「ようだ」에는 과거형 「ようだっだ」도 포함한다.
3) 부정형 「そうに(も)ない(様)」는 「そうだ(様)」와 구분하여 표시한다.
4) 「よう」는 「う」에 포함한다. 「ましょう」와 「でしょう」는 각각 「う」, 「だろう」에 포함하지만 양어의 비교를 위하여 구분해 둔다. 「(の)であろう」도 「だろう」에 포함해야 되지만 문체적으로 상이함으로 구별해 두며, 「のだろう」도 「だろう」와 어성이 다름으로 비교를 위하여 구분한다.
5) 「합계」는 추량표현의 총합계를 말한다.
6) 위의 내용은 다음의 〈표-5〉, 〈표-6〉, 〈표-7〉에서도 동일하다.

다음의 <표-5>에서 나타난 5집(1-10권, 昭和戦前)의 문학작품을 보면, 추량표현은 특히 5집 4권(牧野信一 『村のストア派』, 坂

口安吾『風博士』)에서 균형 있게 표현되어 있으며 121예로 타 작품보다 용례가 많이 발견된다.

그것은 『村のストア派』가 작가 牧野의 낭만적 신변소설로서 그리스철학을 작가 나름대로 살려보려는 심중적(心中的)인 의도가 있는 작품이기 때문으로 볼 수 있으며, 또한 坂口가 『風博士』를 통하여 인간의 슬픔을 황당무계한 거짓표현으로 쓴 것으로 보아 가상이나 상상의 형태가 다분히 내재되어 있는 표현이기 때문이라 할 수 있다.

그리고 제5집 2권(横光利一『蝿』, 『天城』, 川端康成『雨傘』)에도 추량표현이 골고루 사용되고 있다. 横光는 川端 등과 함께 신감각파의 작가로서 그의 작품 『蝿』, 『天城』를 통해서 현실에 사는 인간으로서 실감(実感)의 해체(解体)를 예리한 직관으로 파악하여 그것을 의식적인 지적표현으로 추구하려 했고, 川端도 『雨傘』를 통하여 인생의 한 단면을 예리한 서정(抒情)의 칼날로 신선하게 나타내고 있다. 또한 5집 9권(武田麟太郎『雪の話』, 島木健作『蒲団』)에서도 추량표현이 균형을 보이고 있다. 武田는 『雪の話』를 통하여 친숙한 서민생활에서 현실적인 비판을 찾으려 했고, 『蒲団』은 작가자신이 농민운동에 종사한 체험을 에피소드로 엮었다. 이 모두 작가들의 문학성으로 보아 추량적 어휘를 적합하게 사용하고 있는 것이다.

거기에 비해 작가가 힘들었던 소녀시절의 추억을 담은 『風琴と魚の町』(5집 5권, 林芙美子)에서는 대부분 확신성이 강한 표현으로 기술되어 있어 추량표현이 45예로 가장 적게 보이고 있다.

그리고 프롤레타리아 문학운동가의 작품으로 제5집 1권(葉山嘉樹 『セメント樽の中の手紙』, 小林多喜二 『人を殺す犬』, 黒島伝

治『電報』, 山内謙吾『線路工夫』)과 제5집 7권(壷井栄『大根の葉』)에서는 『だろう』류 『かもしれない』『にちがいない』가 전무하여, 추량표현이 편중된 현상을 보여주고 있다. 즉『セメント樽の中の手紙』에서는 작가가 직접 토공(土工)일을 했을 때의 체험을 바탕으로 가혹한 노동현장의 상황을 소재로 소박하고 강렬한 휴머니즘으로 표현한 것이 역력함을 볼 수 있다. 잔인한 사건을 간결하게 묘사한『人を殺す犬』수수하면서도 견실한 묘사로 현실을 재현한『電報』, 그리고 작가의 고향 小豆島를 소재로 동화적이며 민화적인 말씨로 쓴『大根の葉』, 이러한 작품들에서는 노동문학 작가의 문체적인 기술제한(記述制限)에 그 편중성을 엿 볼 수 있는 것이다.

전반적으로 제5집의 문학작품에서는 추량어휘의 수가 661예로 大正시기보다 뚜렷이 적게 보인다. 전전(前戦)의 문학성을 고려해 볼 때 불확실한 의미를 나타내는 추량의 표현이 다분히 많아야 할 것인데 오히려 역현상을 보여주고 있는 것이 특이하게 생각된다.

〈표-5〉

시대	문고집	ようだ	らしい	そうだ（様）	そうに（も）ない（様）	う	ましょう	まい	だろう	のだろう	（の）であろう	でしょう	かもしれない	にちがいない	합계
昭和（戰前）	5-1	6	5	11	1	25	2	2	12	2		4			70
	2	2	7	15	3	27	7	1	3	1	2	4	3	4	79
	3	6	7	11		13	1		4	2			5	1	50
	4	2	11	11		37	3	6	11	4	20	10	4	2	121
	5	3	4	3		18	3		4	1	8		1		45
	6	3	14	15		12			5	4		1	5	1	60
	7	4	1	15		29	2	2							53
	8		2	6		26	2	2	9	1		2		1	51
	9	1	19	12	2	23	2	1	8	1	1	10	2	3	85
	10		1	6		22	1	1	6	3	1	5	1		47
	계	27	71	105	6	232	23	15	62	19	32	36	21	12	661
	%	4.2	10.7	15.8	0.9	35	3.5	2.3	9.4	2.8	4.8	5.5	3.3	1.8	100

다음의 <표-6>와 같이 4집(1-10권, 昭和戰中・戰後)의 문학 작품을 보면, 『ふ虜記』(4집 7권, 大岡昇平)에서는 「う」(34예)의 표현이 돋보인다. 그것은 아마 작가가 직접 전쟁포로가 되기까지의 체험을 쓴 소설로 긴밀한 구성과 간결하게 정화된 문체를 사용하여 전쟁 속에서의 인간심리를 잘 묘사하고 있기 때문일 것이다.

같은 맥락으로 『鶴』(4집 8권, 長谷川四郞)은 소련군에 포로로 억류되었던 체험을 바탕으로 쓴 작품으로 4집 중 추량표현의 빈도가 39예로 가장 적은데 타 어휘보다 「らしい」「にちがいない」를 사용함으로써 인간의 내면세계를 잘 반영해 주고 있다.

그리고 종전 이틀 동안 썼다고 하는 『出発は遂に訪れず』(4집 9권, 島尾敏雄)에서 추량의 어휘가 균형 있게 사용되고 있으며 4집 중 빈도가 98예로 가장 많다. 그중 「だろう」「かもしれない」「ようだ」의 사용이 뚜렷하다. 거기에 비해 4집 5권(『郵便机』 余寧金之助)에서는 「でしょう」「だろう」에, 4집 6권(『夜の脱柵』, 野間宏)에서는 「う」(23예)에 편중되어 있는 것을 볼 수 있다.

4집의 문학작품에서는 추량의 어휘가 586예로 가장 적게 보이고 있다.

〈표 - 6〉

시대	추량표현 문고집	ようだ	らしい	そうだ(様)	そうに(も)ない(様)	う	ましょう	まい	だろう	のだろう	(の)であろう	でしょう	かもしれない	にちがいない	합계
昭和 (戰中·戰後)	4 - 1	3		4		9	2	3	1	3		3		1	29
	2	2	12	8		21	1	3	8	3	2	9	8	4	81
	3	7	4	5		3	1		10	5	4		2	1	42
	4	4	8	14		10			16	1		10	5	3	71
	5	1				3	5		11	1		16	11		48
	6		5	4		23			5	1	2		1		41
	7	2	12	4		34		1	6	2	14	1	6		82
	8	6	10			4	1		5		6			7	39
	9	15	1	10	3	9	1	1	23	3		4	17	11	98
	10	4	2	3		6	1	1	8	4	8	9	7	2	55
	계	44	54	52	3	122	12	9	93	23	36	52	57	29	586
	%	7.6	9.2	8.9	0.5	20.8	2.1	1.5	15.9	3.9	6.1	8.8	9.7	5.0	100

이상과 같이 6집, 5집, 4집에서 나타난 추량을 나타내는 표현의 특성을 분석해 보았다.

그러면 각 표현형식에 대하여 개별적으로 분석해 보기로 한다.

(1) 먼저 「ようだ」의 빈도를 보면, 불확실한 단정을 나타내는 「ようだ」(2.7, 4.2, 7.6%)는 증가하는 경향을 보이고 있다.[124] 그러나 다음의 <표-7>에서 보는 바와 같이 다른 추량표현에 비해 미미한 수치를 보이고 있다.

거기에 비해 조동사 「らしい」는 대체로 7.8, 10.7, 9.2%로 안정세를 보이고 있는데, 이 표현은 담화에서보다 「地の文」에 다용되고 있으며 객관적인 추량표현이나 전문적(伝聞的)인 완곡표현으로 사용되고 있다.

그리고 양태의 「そうだ」는 11.9, 16.7, 9.4%로 일정한 비율이라 볼 수 없지만 감소하는 듯하며[125] 부정표현 「そうに(も)ない」는 전부 10예로 긍정의 표현보다 압도적으로 적게 표현되고 있다. 양태의 「そうだ」는 사태발생 직전의 표현이나 아니면 상황의 시간적인 추이가 경사성을 갖고 사용되고 있으며 미확인의 외견으로부터 판단되는 것에도 표현되고 있다.

(2) 불변화조동사 「う」를 보면, 38.2, 35, 20.8%로 점점 감소추세에 있음을 알 수 있다. 추량의 경우 점차 「だろう」나 「でしょう」로

---

124) 어휘에 대한 비율은 6집, 5집, 4집의 순서로 배열한다.

125) 전문 「そうだ」의 빈도와 비교해 보면, 38예로 나타나 양태의 「そうだ」(275예)보다 10분의 2정도로 훨씬 적게 나타나고 있으며 사용되더라도 대부분 지문(地の文)에 사용된다.

대체되어 가는 경향을 보이고 있다.

거기에 비해서 부정의 추량을 나타내는 「まい」는 4.7, 2.3, 1.5%로 격감하고 있는 것으로 보아 장래에는 그 대용어인 「ないだろう」의 발달이 예상될 것으로 본다.

「だろう」는 표에서 7.5, 9.4, 15.9%로 증가하고 있고, 감탄문에서나 부정칭부사·의문사와 자주 동반하는 「のだろう」도 2.7, 2.8, 3.9%의 비율로 증가 추세에 있는 것을 알 수 있다.

또한 문장체인 「であろう」는 표에서 보면, 1.8, 4.8, 6.1%로 증가하고 있으며 예상외로 추량표현에 다용되고 있음을 알 수 있다. 그렇지만 「だろう」와 비교하면 다음의 <표-7>에서와 같이 3분의 1정도이다. 이 현상은 원래 문장어적인 성격 때문인 것으로 볼 수 있다. 大正期에는 대체로 「だろう」가 회화어, 「であろう」는 「地の文」에 사용됨을 알 수 있는데, 특히 「であろう」는 심어적인 「地の文」에 보인다. 이 말은 논문조이며 중후한 표현이기도 하여 그다지 사용되지 않았음을 알 수 있다. 국립국어연구소의 『現代雜誌90種の用語用字』(報告25, 弟3分冊)에서도 「文節形度数表」를 보면, 「であろう」와 「だろう」가 96, 211예로 나타나 「だろう」의 2분의 1정도로 사용되고 있다. 또한 「用法別度数表」에서 추량으로 사용되는 경우를 보면, 『総合雜誌の用語』(報告12) 에서도 「であろう」는 「だろう」의 4분의 1정도에 그치고 있는 실정이다.

그리고 막말(幕末)에 발생한 「でしょう」는 표에서 8.3, 5.5, 8.8%로 큰 변화가 없으나, 「ましょう」는 4.4, 3.5, 2.1%로 점점 감소하고 있는 현상을 볼 수 있다. 이 「ましょう」는 문학작품의 「地の文」에서는 의지나 권유의 용법보다 추량의 용법으로 사용되며 그것도

「でしょう」에게 점점 자리를 양도해 주는 경향이 있다고 본다.

(3) 「かもしれない」의 모습은 5.8, 3.3, 9.7%로 나타나고 있어 불확실 시대의 추량어로서 눈에 띄게 출현할 것 같은 현상을 보이고 있다. 이 말은 특히 「もしかすると」「ひょっとすると」 등과 호응이 완벽하게 나타나는 현상도 발견할 수 있다.

또한 「にちがいない」는 4.2, 1.8, 5.0%로 증가하는 비율을 보여주고 있다. 경우에 따라 「추량」, 「단정」으로 양용되는 어휘로 볼 수 있으나 추량으로 간주할 경우 그 정도가 미미함을 알 수 있다. 특히 이 말은 부사 「たしかに」「なるほど」 등과 호응관계를 맺고 있는 것이 특징이라 할 수 있다.

<표 - 7>

추량표현 총계	ようだ	らしい	そうだ	そうに〈も〉ない〈様〉	う	ましょう	まい	だろう	のだろう	〈の〉であろう	でしょう	かもしれない	にちがいない	합계
용례수	95	196	265	10	703	75	67	222	66	86	164	131	78	2158
%	4.5	9.2	12.2	0.5	32.5	3.4	3.2	10.3	3.0	4.0	7.5	6.1	3.6	100
%	26.4				63.9							9.7		100

종합적으로 보아 위의 <표-7>에서 나타난 것과 같이 일본어에서 추량표현을 나타내는 조동사류는 『雨の日文庫集』의 현대문학작품에서 골고루 사용되고 있음을 보여주고 있다. 빈도수로 보아

변화형조동사 「ようだ」「らしい」「そうだ(樣)」류가 26.4%, 불변화형 조동사 「う」「まい」「だろう」류는 63.9%, 조동사류로서 복합사 「かもしれない」「にちがいない」가 9.7%로 나타나 있다. 결국 추량표현 중 「う」를 포함하는 불변화형 조동사가 전체의 반 이상을 차지하고 있다. 이러한 현상은 화자의 표현에서 이 추량의 불변화형 조동사가 종조사의 어성을 닮아 진술의 힘이 강하게 나타남을 보여주고 있는 것에 기인한다고 말할 수 있다.

더욱이 「추량표현」의 전체 어휘 빈도수는 991, 661, 586예로 나타났는데 6집(大正)의 작품에 가장 많이 보이고 그 다음은 5집(昭和 戰前)의 작품에서 가장 적은 빈도수는 4집(昭和의 戰中·後)의 작품에서 나타나고 있다. 이러한 현상은 전쟁 이전(以前)에서 볼 수 있는 불확실한 시대의 특성으로 언어학적인 면에도 영향을 끼치고 있음을 보여준다.

09 맺는말

본서에서는 일본어문에서 대체로 조동사와 종조사에 진술의 소재가 있음을 알 수 있는데 본서에서의 「조동사」를 하나의 「단어」로 인정하기로 하고 학교 문법에서 다루고 있는 조동사의 범주에 중점을 두고 분석해 보았다. 그중 연구대상 어휘를 추량을 나타내는 변화형 조동사 「ようだ」「らしい」「そうだ」와 불변화형 조동사 「う」「まい」「だろう」 그리고 조동사류 「かもしれない」「にちがいない」

에 국한하였고, 해당어휘의 어성, 의미영역, 표현성, 표현의 차이 및 추량도, 문학작품에서 나타난 표현성에 중심을 두어 다음과 같이 요점을 정리할 수 있다.

첫째, 추량표현은 불확실한 판단이나 상상上의 사실을 화자가 상상하는 형태로 서술하는 표현으로 시제적인 문제에는 구애받지 않고 사용되고 있는 점이 특이하며 반실(反実)의 가상까지도 포함하고 있는 특색이 있다.

둘째, 변화형 조동사 「ようだ」「らしい」「そうだ」에 대해서 다음과 같이 몇 가지로 분석할 수 있다.

조동사 「ようだ」의 표현은 이 말은 비유·예시의 표현, 완곡적인 지시, 완곡한 추량표현, 주관적이고 직관적인 표현에 사용된다. 추량의 경우 사용도를 보면, 「ようだ」는 미미한 수치를 보이고 있다.

그리고 조동사 「らしい」는 담화보다 「地の文」에 많이 사용됨을 알 수 있으며 객관적으로 추량할 때에 사용될 뿐 아니라 전문적(伝聞的)인 표현을 완곡히 단정할 경우에도 사용되기도 한다. 그러나 객관적인 추량을 나타내는 것이 주된 용법이라 할 수 있으며 사용도는 안정세를 보이고 있다.

결국 「ようだ」와 「らしい」를 비교해보면, 이 말은 대체로 판단근거가 주·객관적인 입장을 모두 갖고 있는 데에 그 특징이 있으며, 또한 발화주체와 사태와의 심리적 거리에서 볼 때, 「ようだ」는 심리적 거리가 가깝고 책임의식이 강하며, 「らしい」는 심적거리가 멀고 책임의식이 약하다는 것을 알 수 있다.

그리고 양태 「そうだ」의 품사는 전부(前部)와의 복합도(複合度)에 의해서 품사를 규정하는 경우가 대부분으로 주로 접미어 내지는 조동사로 보는 경향이 짙은데 본서에서는 조동사로 보고 다음과 같은 특징을 발견할 수 있다.

양태 「そうだ」의 의미 특징은 일반적으로 동사 접속의 경우는 직전사태, 기세(気勢)·경사성(傾斜性)의 상황이나 논리적 필연성의 결여를 나타내고 형용사류 접속의 경우에는 미확인의 외견(外見), 객관적 속성을 나타낸다. 사용빈도를 보면 감소하는 추세이다.

양태 「そうだ」의 부정방법으로는 동사에는 「~そう(に)もない」「~そうにない」「~そうではない」「~そうでもない」「~なそうだ」의 형태가 사용되고 형용사의 경우에는 「~そうではない」「~なそうだ」가 사용되는 등 해당품사에 따라 다양하다.

양태의 「そうだ」와 「ようだ」의 차이를 보면, 동사에 접속될 경우 「ようだ」는 단순히 그 모습을 추측하지만 「そうだ」는 상당히 찰나적 행위가 일어나기 직전의 상황이다.

또한 형용사의 접속경우를 보면, 양 표현 모두 화자의 주관적인 판단이 내포되어 있다. 이 경우 「そうだ」는 논리적으로 심사숙고한 것으로 볼 수 없으나, 「ようだ」는 상당히 인정할 만한 근거에 의하여 대상을 예측하고 있다고 볼 수 있다. 더욱이 「そうだ」은 외부적인 상태에 대하여 직감적인 느낌을 보이는데 비하여 「ようだ」는 그러한 느낌을 볼 수 없다. 결국 「そうだ」는 대상의 외견에서 예측하는 것이다. 시제적으로 볼 때 「そうだ」는 감수상황(感受状況)이 미연적인 데 비하여 「ようだ」는 감수상황이 이미 이루어진 기연적인 경우를 나타낸다.

그리고 양태의 「そうだ」와 「らしい」를 비교해보면, 연체수식어인 경우 「らしい」는 실제의 장면에서는 표현되기 어렵지만 만약 발화표현이 된다면, 주체의 심중을 추측하는 기분이 강함에 비하여 「そうだ」는 직전사태를 나타내고 진정 사태가 실현될 것인지는 관심에서 제외되지만 사태에 가깝다고 할 수 있다. 주어가 1인칭의 경우 서술어가 주관적인 내적감정을 나타내는 형용서술어에는 사용되지 못하며 「と思う」라는 주관적인 경험의 심중어(心中語)에도 표현되지 못한다.

셋째, 불변화형 조동사 「う」「まい」「だろう」는 조동사 중에서도 특이한 데가 있는데 다음과 같이 몇 가지로 정리할 수 있다.

(1) 그것은 조동사 중에서 어형이 변화하지 않는 점이며, 또한 대부분 의지·추량을 나타내며 종지형밖에 없는 점이다. 연체형에 사용되는 경우도 있지만 극히 드물게 사용되며 사용되더라도 관용적인 표현이나 지문·방언적인 회화 속에서 볼 수 있다.

일본어문에서 주관적 표현에 사용되는 말은 문말 외에는 설 수 없고, 객관적 표현에 사용되는 말은 여러 가지 위치에 설 수 있다. 그러므로 조동사 중에서 「う」「まい」「だろう」 등 종지형 밖에 없는 말은 화자의 심리를 주관적으로 표현하며, 「ない」「らしい」「ます」「です」 또한 「た」「だ」 등과 같이 여러 가지 활용형을 갖는 조동사는 동사 형용사와 마찬가지로 사실·사태를 객관적으로 표현한다고 볼 수 있다.

(2) 먼저 「う」에 대해서 보면, 이 말은 종지형으로는 의심스러우면서 주저하는 기분, 방관적 추측 등에 쓰이는 일종의 추량표현이지만 「う」에서 나타나는 추량의 의미는 점점 쇠퇴되고 있으며 그 대신 「だろう」로 대체되어 가는 경향이 있다. 연체형으로는 가상, 가능성, 허가성을 나타내고 있는데 이것도 추량적인 관점에서 보아야 할 것이다.

이러한 「う」는 문장어적인 딱딱함을 표시하며 외국어문 번역조의 기분을 느끼게 한다. 「う」 표현이 문장체에서 추량으로 사용될 경우 독자에게 다음과 같은 느낌을 갖게 한다. 상대를 업신여기고 고자세로 뽐내는 모습, 딱딱하면서도 진지한 기분을 느끼게 하며, 무사복을 걸치고 있는 모습과 정색된 모습, 그리고 일선을 그은 듯한 느낌뿐만 아니라 무뚝뚝한 느낌을 자아내게 하는 어감이 있다. 그래서 「う」가 내재되어 있는 「だろう」「でしょう」의 긴장된 표현이 학술논문에서 좋은 호응을 받고 있다.

「う」의 분화(分化)에 대해서는 「さむいと思う」의 「と思う」에서 「さむかろう」의 「う」가 되어 추량은 추량대로 남고 의지표현으로 이행되었다. 원래는 「さむいと思う」에 「と思う」라는 미분화(未分化)의 순수한 사고적(思考的) 상태가 있을 뿐이다. 그래서 오늘날 「さむいと思う」는 쇠퇴되고 이중으로 반복되는 「さむかろうと思う」의 「うと思う」라는 새로운 형식으로 많이 사용되고 있다.

사용 빈도를 보면 「う」는 점점 감소 추세에 있음을 알 수 있다. 추량의 경우 점차 「だろう」나 「でしょう」로 대체되어 가는 경향을 보이고 있다.

(3) 「まい」는 종지형에서는 「(よ)う＋否定」 형태보다 강한 의미를 나타내고 있으며 화자가 사실의 비존재(非存在)를 추량 판단하며 누가 생각해도 그렇게 판단하지 않을 수 없는 확신이 있는 부정 추량의 뜻을 갖고 있다. 화자가 마음속으로 의심스러운 데를 여러모로 추량하면서, 상대에게 확신을 기하기 위해 다짐하거나 가벼운 의문을 던지는 의미로 사용된다. 연체형은 관용적인 표현에 사용되며 불가능성, 금지, 반대사실에 대한 가상이 내재되어 있어 추량의 의미로는 희박하다고 본다. 사용도는 상당히 격감하고 있는 것으로 보아 그 대용어인 「ないだろう」의 발달이 예상되기도 한다.

(4) 「だろう」는 종지형은 다용되고 있지만 연체형은 드물게 사용된다. 화자의 여러 가지 정보나 주위상황을 근거로 어떤 사항을 사실이라고 인정할 수 있는 가능성이 있다고 화자가 판단하는 경우에 사용된다. 판단대상은 단정할 수 없는 사항을 모두 포함하며 현재, 미래, 단순 상상도 판단근거가 될 수 있다. 또한 상대에게 염려는 하고 있지만 뭔가 자기 자신에게 타이르고 훈계하는 말로써 약간의 단언성이 있는 표현으로 특히 삽입문에서도 사용되고 있다. 이 말은 빈도로 보아 미래에도 점점 증가 추세에 있을 것으로 판단된다.

그리고 「のだろう」의 어성을 보면 원인·이유를 추량하여 판단하는 표현이며 추량적인 관점에서 「だろう」와 서로 동일한 점도 발견되지만 엄연히 표현성의 정도에 따라 구분된다.

「であろう」는 일반적으로 대화어나 심중에 있는 독백어로 사용되며 개연적·가정적 추량, 선언적(選言的) 추량을 나타내기도 한

다. 이 어휘의 표현은 「殿様·神·魔法師·予言者」의 미래형표
현에 자주 등장하는데, 현상을 지배하는 입장에 있는 자의 말 중,
표현 측이나 받는 측이 반드시 실현되는 확신이 있다고 본다면 일
본어에 있어서 미래형으로 표현되더라도 단순한 개연성을 나타내
는 것이 아니라 확실한 것을 나타낼 수 있다. 동시에 거기에는 권
위와 위엄, 중후함이라는 여운이 남아서 성서원전을 번역하는 데에
적절한 어법이 될 수 있다. 이 말은 특히 공용문에서는 추량을 나
타내기 위하여 「であろう」를 사용하며, 「う」를 사용하지 않는다는
규정이 있을 만큼 상당히 문장적인 표현이라 본다. 그리고 「であ
ろう」의 사용 빈도는 예상외로 추량표현에 다용되고 있음을 알 수
있지만 그것은 원래의 문장어적인 성격이 되살아나고 있기 때문이
다. 그렇지만 「だろう」와 비교하면 3분의 1정도에 지나지 않는다.
大正期에는 대체로 「だろう」가 회화어에, 「であろう」는 「地の文」
에 사용됨을 알 수 있고, 특히 「であろう」는 심어적(心語的)인 지
문의 표현에 사용되고 있으며 논문적이고 중후한 표현이기도 하다.

  (5) 「だろう」와 「う」의 경어체인 「でしょう」와 「ましょう」를 비
교해보면, 「でしょう」는 의문·질문·반어(反語)를 내재하면서 추
량의 어감을 나타내고 있고 대략적인 단정·단순 추량을 나타낸
다. 거기에 비해 「ましょう」는 일반적인 추량, 화자의 의지, 상대
로의 권유를 표현하지만 소설의 지문이나 일기예보에서는 추량만
사용하며 그것도 순수하게 추량의 의미로 사용될 때는 「でしょう」
에게 점점 자리를 양도해 주는 경향이 있음을 알 수 있다. 특히
방송용어에서 「ふりましょう」는 청취자에게 그다지 바람직스럽게

생각되고 있지 않으며「ふるでしょう」쪽을 선호하는 경향이 있다. 사용도를 보면, 本 문학작품 조사에서「でしょう」는 증가하는 추세에 있지만「ましょう」는 점점 감소하고 있는 현상을 볼 수 있다. 이「ましょう」는 문학작품의「地の文」에서는 의지나 권유의 용법보다 추량의 용법으로 사용되며 그것도「でしょう」에게 점점 자리를 양도해 주는 경향이 있다고 본다.

(6)「だろう」를 중심으로 하여 이상의 각 표현과의 차이를 다음과 같이 분석할 수 있다.

1) 먼저「だろう」와「のだろう」의 차이에서「のだろう」는 설정조건과 도출결과의 결합성이 여러 가지의 경험적 지식 등으로 보아 필연적인 면이 강한데 비하여,「だろう」는 그 필연성이 약하다고 본다. 또한「のだろう」는「にちがいない」에서 나타나는 확신도와 거의 동일하다.

인토네이션의 측면에서 보면, 상승조「だろう」는 추량 상상을 나타내지 않고 상대가 화자와 동일한 판단을 하기를 기대하는 어기임에 반하여, 하승조「のだろう」는 추량 상상을 나타낸다.

그리고「だろう」는「と思う」가 첨가되지 않으나「のだろう」는 첨가될 수 있으며, 상승조「だろう」는 상대라는 대상이 필요하지만 하승조「のだろう」는 상대가 필요 없는 독백으로 사용된다.

그리고「~から」를 동반하는 경우「のだろう」는 그 배후에 그와 같은 사실을 받치는 원인·이유를 추측하지만「だろう」는 어느 정도 객관적인 인과 관계를 갖고 있다.

2) 다음으로 「だろう」와 양태의 「そうだ」에 대한 차이에서, 「だ
ろう」는 단언적인 어감을 약화시키는 표현이다. 화자가 「이렇다」라
고 잘라 말하기를 삼가하고 단정적인 어감을 보류할 때 사용되는
방법이다. 신중하면서 뭔가 자신이 없으며 불확실한 사실로 단언을
삼가 하게 될 때 사용된다. 거기에 비해 양태의 「そうだ」는 주관적
인 어감을 느끼게 된다. 상황을 예상하고 추량하는 것이 주안이 아
니라 상황을 현상에서 풍기고 있다. 그래서 현상을 근거로 한 주
관적 판단이기 때문에 현재의 일이나 막연한 미래의 일에 대한 표
현에 사용할 수 있으나 완료나 과거에는 사용되지 못한다. 그러나
「だろう」는 시제에 관계없이 사용되는 것이다.

3) 그리고 「だろう」와 「ようだ」의 차이를 비교해보면, 「だろう」
는 객관적 근거가 아주 약할 뿐 아니라 추량되는 판단이 불확실하
다고 본다. 「と思う」가 접속되는 경우 「と思う」는 객관적 근거가
극히 약한 심적 표현이기 때문에, 객관적이고 확실한 표현에 의하
여 추량되는 「ようだ」에는 붙기 어려우나 「だろう」에는 추량의 객
관적 근거가 매우 약화되어 있음으로 가능하다. 의문사가 동반되는
경우에는 「だろう」에만 사용이 가능하다.

4) 「だろう」와 「らしい」와의 차이에서, 「だろう」는 화자의 단순한
예상·추측을 나타내는 것에 비하여 조동사 「らしい」는 객관성이 있
는 근거가 뒷받침되는 경우에 사용된다. 접속조사 「ても」의 형식을
취하고 있는 문말 호응의 경우 「だろう」는 기정의 사실을 나타내는
표현이 되며 「らしい」는 가정의 사실을 나타내는 경우로 볼 수 있다.

넷째, 조동사류 「かもしれない」와 「にちがいない」에 대해서는 다음과 같이 분석된다.

(1) 「かもしれない」는 화자가 대상에 대하여 사태를 명확히 근거를 얻을 수 없을 뿐 아니라 심리적으로 그러한 현상의 사실을 회피하려는 기분이 내재되어 있다. 거기에 비해 「にちがいない」는 화자가 대상에 대해서 사태가 진실된 것이어서 「かもしれない」보다 강한 확신을 동반하면서 단정에 가깝게 나타내는 표현이라 볼 수 있다. 또한 「にちがいない」는 객관적인 근거가 있든 없든, 사실 이외에는 달리 생각할 수 없는 뉘앙스를 지니고 있는 표현이다.

그리고 그 차이는 호응하는 진술부사에 의하여 나타난다. 즉 「かもしれない」는 「ひょっとして」「あるいは」 등 우연성이 큰 부사와 호응하며, 「にちがいない」는 「たしかに」「なるほど」 등 확신성이 큰 부사와 호응하는 차이를 볼 수 있다고 본다.

(2) 그리고 「だろう」와 「かもしれない」의 차이점을 보면, 「だろう」가 뭔가의 근거에 의하여 어떤 사항이 사실로 받아들일 수 있는 가능성을 적극적으로 인정하려는 입장에 서서 표현함을 반해 「かもしれない」는 그것을 부정하는 다른 가능성을 언외로 포함하면서 하나의 가능성으로서 받아들일 수 있다는 기분으로 추량하는 경우에 표현된다. 부사와의 호응관계에서 「だろう」는 개연성이 큰 부사 「おそらく」「だぶん」 등과 호응하는 데 비해 「かもしれない」는 개연성이 작은 것 「もしかしたら」「あるいは」 등과 호응한다. 보험 가입의 경우를 예를 든다면, 「だろう」와 같이 생각하여 보험에 드

는 것이 아니라 「かもしれない」의 의미로 생각하여 보험에 드는 것으로 생각할 수 있는 것이다.

다섯째, 이러한 추량표현의 특징을 근거로 하여 사태에 대한 판단 근거가 어느 정도 화자의 주관성·객관성·실현가능성에 의존하는지 각각 추량도의 관점에서 알아보면,

(1) 주관성: 「にちがいない」 → 「だろう」 → 「そうだ(様)」 → 「かもしれない」 → 「ようだ」 → 「らしい」
(2) 객관성: 「らしい」 → 「ようだ」 → 「かもしれない」 → 「そうだ(様)」 → 「だろう」 → 「にちがいない」
(3) 실현가능성: 「にちがいない」 → 「らしい」 → 「ようだ」 → 「そうだ(様)」 → 「だろう」 → 「かもしれない」

의 순으로 약해져 가는 사실을 알 수 있다.

종합적으로 정리해보면, 일본어에서 추량표현을 나타내는 조동사류는 『現代文学作品』에서 골고루 사용되고 있음을 보여주고 있다. 추량표현 중 불변화형 조동사 「う」「まい」「だろう」가 많이 출현하는 데 빈도수로 보아 불변화 조동사가 전체의 2/3이상을 차지하는 것을 보면, 일본어의 표현에서 이러한 추량표현의 조동사는 종조사의 어성에서와 같이 강한 진술력을 보여 주는 심적 표현어의 증거라고 볼 수 있다. 그리고 현대문학작품의 현상분석에서 나타난 추량표현의 빈도수가 전쟁이란 불확실한 시기인데도 불구하고 991, 661, 586예(大正, 昭和戦前, 昭和 戦中·後)와 같이 전전

(戰前)의 높은 빈도를 보여주고 있다. 일단 전쟁을 앞둔 일본의 국내외적 상황과 환경이 불안감으로 팽배되어 있고 미래를 예측할 수 없는 불확실한 사태들이 점철되어 있는 시대이기에 문학작품에도 분명히 영향을 끼치고 있고 어휘적인 모습에도 영향을 끼치고 있음을 보여주는 것이다.

• 참고문헌 •

　　다음의 <참고문헌>은 저자가 평상시 「일본어의 표현과 어법」에 대한 연구를 위하여 수집·보관해 둔 것이다. 이 자료는, 저자가 1982년 이후부터 오래 동안 日本国会図書館(NDL)의 자료담당자에게 문의하고 청구하여 얻은 중요한 자료이다. 더 많은 자료가 있지만 그 가운데 중요하다고 생각되는 것을 선별하여 여기에 정리해 둔다. 이 분야에 대한 관심 있는 자에게는 더 할 나위 없이 유용할 것으로 생각한다. (단, 효율적으로 이용하기 위하여 그 자료가 소속되어 있는 항목과 쪽수를 가능한 상세하게 명기해 둔다. 또한 쉽게 찾아보기 위하여 발표일자 순서대로 배열해 두었고 <사전> <단행본·논문·학술잡지>으로 나누어 정리해 두었다.)

〈사전〉

· 志田義秀·佐伯常磨(1909), 日本類義大辞典, 講談社
· ---------------(1980), 類語の辞典(上), 縮刷版 1刷, 講談社 学術文庫
· ---------------(1980), 類語の辞典(下), 上同
· 上田万年·松井簡治(1939), 大日本国語辞典, 修正版, 富山房
· 広田栄太郎·鈴木棠三(1955), 類語辞典, 「まえがき」
· 奥山益朗(1970), あいさつ語辞典, 東京堂, 「序文」「目次」
· 徳川宗賢·宮島達夫(1972), 類義語辞典, 東京堂出版, 「まえがき」「類義語概説」「すいりょうの類語」

・広田栄太郎 外2人(1972), 文章表現辞典, 東京堂 23版,「依頼表現」「推量の表現形式」「文の長さ」「婉曲法」「意志表現」「推量表現」「表現意図」

・白石大二(1972), 文章辞典, 帝国地方行政学会,「だ, である, です」「ます, である」「みなす, 推定する」「う, た」「まい」「推量, 様態, 伝聞」「助動詞'う'の文法上の取り扱い」「助動詞の使い方と助動詞に似た表現」

・吉田精一(1973), 新修類語用例辞典, 集英社,「この辞典の特色と使い方」「まえがき」「すいりょうの類語」

・文化庁(1973), 外国人のための基本語用例辞典, 大蔵省印刷局,「みたいだ」「う」「まい」「そうだ(伝)」「らしい」「ようだ」

・奥山益朗(1974), 現代流行語辞典, 東京堂,「序文」「概説」

・日本大辞典刊行会(1974), 日本国語大辞典, 小学館,「すいりょうの助動詞」「すいさつ」「すいそく」

・山田勝美(1978), 角川小辞典1, 漢字の語源, 9版,「様」485p

・田井信之(1978), 角川小辞典10, 日本語の語源, マ行音-ナ行音間(125-129p) 小数音節脱落(261-263p) 推量(346-353p)

・時枝誠記(1979.7), 国語学辞典, 28版, 東京堂,「コプラ」「意味論」「記号論理学」

・武部良明(1979), 新用字用例辞典, 初版 9刷, 教育出版

・松村 明(1981), 日本文法大辞典, 明治書院,「助動詞」「叙法」「伝聞表現」「伝聞の助動詞」「比況の助動詞」「法」「ム-ド」「様態の助動詞」「意志の助動詞」「指定の助動詞」「指定表現」「情意表現」「推定の助動詞」「推量の助動詞」「推量表現」「不変化助動詞」

・国語学会(1981), 国語学大辞典, 再版, 東京堂,「推量表現」「伝聞表現」「比況表現」「推定表現」「疑問表現」「副詞」

・国立国語研究所 資料集6(1982), 分類語彙表, 23版, 秀英出版

・日本語教育学会(1982), 日本語教育事典,「副詞」「指定の表現」「伝聞の表現」「意志の表現」「当然義務表現」「ようだ」「みたいだ」「らしい」「まい」「ごとき, ごとく」「そうだ」「だろう」「べきだ」「ふうだ」「ぬ」「う.よう」「のだ」

· 中田祝夫(1983), 古語大辞典, 小学館, 「やう(様)」「やうなり」「らし」

· 大野普・浜西正人(1983), 角川類語新辞典, 「明察의 類語」

· 北原保雄　外4人(1983), 日本文法辞典, 有精堂, 「口語文法」「文語文
　　　法」「文表現의 類型(断定表現, 推量)」「助動詞六章 附属語」「助動
　　　詞の種類」(比況の助動詞, 様態の助動詞, 伝聞の助動詞, 敬語
　　　の助動詞, 自発の助動詞, 呼応と係り結び)

· 大野晋・浜西正人(1985), 類語国語辞典, 角川書店

· 諸橋轍次(1985), 大漢和辞典6巻, 大修館, 「様」

· 山田襄太(1985.5), 国語語源辞典, 3刷, 校倉書房, 「らし」620p

· 藤原与一　外二人(1985), 表現類語辞典, 東京堂, 「すいそく」1123p

· ジャパンタイムズ(1986), 日本語基本文法辞典

· 梅棹忠夫外　監修(1989), 日本語大辞典, 講談社

· 山田忠雄(1989), 新明解国語辞典, 第四版, 三省堂

· 新村　出(1989), 広辞苑7刷, 岩波出版

· 林　巨樹　監修(1993), 現代国語例解辞典, 第二版, 小学館

· 飛田良文・浅田秀子(1994), 現代副詞用法辞典, 東京堂出版

· 森田良行(1994), 基礎日本語辞典, 角川書店 (基礎日本語1,2,3의 合本)

· 小学館辞典編輯部(1994), 使い方の分かる類語例解辞典, 小学館

· 北原保雄・鳥飼浩二(1995), 同音語同訓語使い分け辞典, 東京堂

· 佐藤喜代治(1997), 国語学研究辞典, 明治書院, 「推量の助動詞」「打消
　　　の推量の助動詞」「比況の助動詞」155-161p

· 芳賀桜・佐々木瑞枝(1998), あいまい語辞典, 東京堂

· 田忠魁・泉原省二・金相順(1998), 類義語使い分け辞典, 研究社

〈단행본・논문・학술잡지〉

· 大槻文彦(1897), 広日本文典, 私家蔵版, 勉誠社

· 上田万年(1898), 日本大辞書編纂に就きて, 国語のため, 富山房, 299-331p

· 国語調査委員会(大槻文彦担当, 1917), 口語法別記, 国定教科書共同販
　　　売所

· 文部省国語調査委員会(1919), 口語法　3版, 国定教科書共同販売所

・山田孝雄(1922), 日本口語法講義, 宝文館,

・----------(1936), 日本文法学概論, 宝文館, 1984, 9刷

・三矢重松(1926), 高等日本文法, 明治書院

・松下大三郎(1928), 改撰標準日本文法, 勉誠社, 1984(改訂弟二刷)

・---------(1930), 標準日本口語法, 勉誠社, 1977(増補改訂)

・湯沢幸吉郎(1930.1), 狂言「です」の起源, 国語教育 (国語学論考 所収, 1940)

・岩橋小弥太(1932.12),「デアル」と「デアリマス」と, 金沢博士還暦記念 東洋語学乃研究, 三省堂, 101-117p

・佐伯梅友(1932.6), 推量の助動詞について, 丘, 12-22p

・橋本進吉A(1934), 新文典別記, 富山房

・-------B(1934), 国語法要説, 明治書院

・--------(1939), 日本文法論, 1959,「国文法体系論」, 岩波書店 所収

・--------(1948), 国語法研究, 岩波書店, 1972, 19刷

・--------(1969), 助詞・助動詞の研究, 岩波書店

・三宅武郎(1934), 述詞, 日本の言語学 3巻, 文法1, 大修館 所収

・上野 勇(1934.9), 接尾辞「げ」「さう」及び助詞「に」に 就いて --埼玉県 幸手町--, 方言4巻9, 40-45p

・中村通夫(1935.3), デスの語史について, 国語と国文学12巻3, 70-96p

・-------A(1948.11),「であります」言葉, 東京語の性格, 川田書房 所収

・-------B(1948.11), 東京語における意志形と推量形, 上同

・山口麻太郎(1935.9), 壱岐方言の動詞法・助動詞法, 国語と国文学

・山田孝雄(1936), 述格, 日本の言語学 3巻, 文法1, 1979.7 再版, 大修 館 所収

・時枝誠記(1941), 国語学原論, 岩波書店

・-------(1950), 日本文法 口語篇, 岩波全書

・中村通夫(1941.4), 東京語における意志形と推量形, コトバ, 4-16p

・三尾 砂(1942), 話言葉の文法, 帝国教育会

・------(1943.9), 日本語における判断表現, ことば, 2-10p

・松尾捨治郎(1943.12),「降りさうだ. 降るさうだ」, 国語論叢, 井田書 店, 193-197p

・金泉忠義(1944.3),「でございます」と「であります」と, 国語文化, 4巻3
　　　号, 育英書院, 52-56p

・岩淵悦太郎(1944.6),「さうだ」と「すぎる」, 日本語, 11-14p

・野村宗朔(1944.10), 助動詞「らむ」の意義用法について, 橋本博士還
　　　歴記念 国語学論集, 岩波, 851-868p

・山本正秀(1944.10),「デアルの沿革」, 国語学論集, 橋本博士還歴記
　　　念会, 岩波書店.

・-------(1960.4), 言文一致文の文法, 講座解釈と文法7, 明治書院

・-------(1967.9),「である」体と「です・ます」体の系譜, 月刊 東書高校通
　　　信56,

・-------(1968.6),「でこざる」体から「である」体へ, 文体論研究12号, 18-27p

・-------(1972.12),「デス」の普及について, 真下三郎退官記念論文集 ˋ
　　　近世近代のことばと文学ˋ

・松村　明(1947.8),「の」の一つの用法について, 江戸語東京語の研究,
　　　東京堂 所収

・------(1957.4),「ませんでした」考, 上同 所収

・------(1956),「よかりそうだ」「なかりそうだ」, 実践国語, 1-2, 49-52p

・渡辺　実(1949), 陳述副詞の機能, 国語国文18-1

・-------(1957), 品詞論の諸問題 --副用語・付属語--, 日本文法講座１総
　　　論, 明治書院

・国立国語研究所 報告3(1951), 現代語の助詞・助動詞, 秀英出版

・--------------報告12(1957), 総合雑誌の用語

・--------------報告21(1962), 現代雑誌九十種の用語用字 弟1分冊

・--------------報告25(1964), 上同, 弟3分冊

・渡辺　実(1953), 叙述と陳述, 日本の言語学3巻, 文法1, 大修館 所収

・波多野完治(1953), 文章心理学入門, 新潮文庫

・金田一春彦(1953,2.3), 不変化助動詞の本質, 国語国文22巻2.3号, 日
　　　本の言語学3巻 , 文法1, 1979, 大修館, 207-249p

・森千樹(1953.7),「だろう」の二種, 月刊 言語生活22号, 12-13p

・芳賀　綏(1954), "陳述"とは何もの？,国語国文23-4, 日本の言語学3巻,
　　　文法1, 1979, 大修館

・湯沢幸吉郎A(1955)，室町時代言語の研究，風間書房

・----------B(1955)，徳川時代言語の研究，風間書房

・----------(1977)，口語法精説，明治書院

・佐伯梅友(1956.10)，「にあり」から「である」へ，国語学　26巻，1-6p

・永野　賢(1956.3)，日本語の未来形，聖書協会報13巻1号，伝達論にも
　　　　とづく　日本語の文法研究所収，1970，東京堂

・円地文子(1956.9)，「ことよ」と「だわ」，言語生活60号，筑摩書房

・大塚高信訳(1957)，　コリャ-ド(COLLARDO)(1603)，　日本文典，　連結
　　　　辞・区分辞，90-105p

・金田一春彦(1957)，日本語，岩波書店

・築島　裕(1957)，中古の語法，日本文法講座3，明治書院

・松村　明(1957.4)，「ませんでした」考，上同　所収

・塚原鉄雄(1957.7)，推量の助動詞 --その国語史的考察--，国語国文26巻　8号

・秋永一枝(1957.8)，　アクセントから文法へ　--品詞の弁別について--，　国文
　　　　学研究，123-131p

・森重　敏(1958)，程度量副詞の設定，国語国文27-1

・水野　清(1958)，「浮雲」「あひびき」「めぐりあひ」，言語生活80号，筑摩
　　　　書房

・中出　惇(1958)，抄物における所謂推量の助動詞，愛知大学　文学論叢
　　　　16号，う，ん，うず，んず，やらう，らう，ベシ，ベイ，ベシイ，マ
　　　　イ，マジ，マジイ，135-161p

・三尾　砂(1958)，　推量形「だろう」・推量形「でしょう」，　話しことばの
　　　　文法，法政大学出版局，159-209p

・佐多稲子(1958.11)，小説の中の会話，月刊　言語生活86호

・鈴木一彦(1959)，副詞の整理，国語と国文学429

・桑門俊成(1959)，国語文体論序説，誠信書房

・小島俊夫(1959.12)，後期江戸語における「デス」「デアリマス」「マセンデ
　　　　シタ」，国語学39巻，75-84p

・福田良輔(1960)，　万葉集の解釈と文法上の問題点　--活用語尾・助動詞・
　　　　東国方言における解釈と文法上の問題点--，講座解釈と文法2，明治書院

・阪倉篤義(1960)，　地の文と会話文，講座解釈と文法1，「総論」，　明治

書院，125-143p

・山本正秀(1960.4)，言文一致文の文法，講座解釈と文法7，「現代文」，
　　　　明治書院，245-280p

・中村通夫(1960.4)，現代文の解析と文法上の問題点，上同，1-54p

・外山映次(1961)，洞門抄物に見える助動詞「ヨウ」について，国語学46巻

・芦沢節(1961.12)，児童作文「です」から「である」へ，月刊 言語生活123，41-47p

・サクマ カナエ(1961.12)，「である」と「です」「だ」，月刊 言語生活123，30-31p

・友田英津子(1978)，「だ」削除変形について，武蔵野英米文学11，69-80p

・外山映次(1961.9)，洞門抄物に見える助動詞「ヨウ」について，国語学
　　　　46巻，16-26p

・大塚光信(1962)，助動詞マイの成立について，国語学50，64-71p

・山鳴孝三郎(1962)，知らなそうだ，「論究日本文学」

・奥津敬一郎(1962.12)，「daとdesu」 --omosiroidesitaは正しいか--，日本語教育
　　　　1号，57-69p

・山鳴孝三郎(1962.6)，知らなそうだ，論究日本文学18，36-37p

・中村通夫(1962.11)，「デス」「デアル」「デアリマス」，国際基督教大学語
　　　　学科 日本語学教室，7-29p

・鎌田広夫(1963)，「ないだろう」考，人文論究23권，北海道教育大函館
　　　　人文学会，81-91p

・橘 豊(1963.6)，正法眼蔵の語彙 --現代語の漢語の起源--，国語学53，19-27p

・中村通夫(1963.3)，「である」小考，中央大文学部 紀要 文学科 13巻，
　　　　119-160p

・今石元久(1968.10)，兵庫岡山県地方方言の研究 --断定の助動詞「ヤ,ジヤ
　　　　(ダ)」の分布について--，国文学攻48巻，43-52p

・渡辺 実(1964)，よさそうだ・なさそうだ，口語文法講座3，「ゆれてい
　　　　る文法」，明治書院，13-22p

・------(1976)，品詞分類，岩波講座 日本語6

・林 大(1964)，「であろう だろう」の表現価値，口語文法講座3，明治書院

・風間力三(1964)，「死にそうだ」と「死ぬそうだ」，上同，158-168p

・林 大(1964.1)，ダとナノダ，講座現代語6巻，明治書院，282-289p

・辻村敏樹(1964.10)，助動詞のすべて，国文学 解釈と鑑賞

・-------(1968.10), 近世後期の待遇表現, 敬語の史的研究, 東京堂 所収

・柳田国男(1964.11), デアルとデス, 定本柳田国男集31巻, 筑摩書房, 202-302p

・山崎 馨(1965), 形容詞系助動詞の成立(2) --らし・じ・しむ--, 国語と国文学

・宇野義方(1965), 話しことばと書きことばの文法的特質, 口語文法講座5, 「表現と文法」, 明治書院, 24-25p

・山本正秀(1965), 「文法と文体」 --近代口語文の文末辞法の展開--, 口語文法講座1, 「口語文法の展望」, 明治書院, 277-293p

・奥津敬一郎(1965.3), 「ダ」による述部代用化 --展成文法への試み--, 日本語教育6号, 20-37p, 論集日本語研究7助動詞, 1979.2, 有精堂, 306-289p

・福田良輔(1965.4), 助動詞の機能 --接尾語 複語尾 附属形式--, 口語文法講座弟2巻 各論研究, 明治書院, 285-311p

・仁田祥男(1965.4), 「聖家族」における「やうだ」の考察, 国語教育研究10号, 学内発表会要旨, 広島大教育学部, 70-73p

・佐久間鼎(1966), 現代日本語の表現と語法, 厚生閣

・中西字一(1966.11), 反実仮定を表わす推量の助動詞の意味構造, 女子国文, 105-123p

・菅野 謙(1967), 「降るでしょう」と「降りましょう」, 講座現代語第6巻, 「口語文法の問題点」, 明治書院, 342-347p

・杉本つとむ(1967), 近代日本語の新研究, 桜楓社

・中出惇・コリヤ-ド(1967.10), 懺悔録における助動詞「ウ」と「ウズ」について(1), 愛知大学 国文学9巻, 27-31p

・辻村敏樹(1967.11), 現代の敬語, 弘文社

・山本正秀(1967.9), 「である」体 と「です・ます」体の系譜, 月刊 東書 高校通信 56, 4-6p

・宮地幸一(1968.6), 「-みたやうだ」から「-みたいだ」への漸移相, 国語国文学3, 東京学芸大, 1-9p

・中田祝夫(1968,10), 断定(なり, たり, だ, です), 国文学, 33巻 12, 学灯社

・二官正之(1968.4), 「いう」と「おもう」 --日本語における主体表現の二方向--,

月刊 言語生活, 筑摩書房, 70-80p

・岡村和夫(1969), らしい(助動詞小辞典), 月刊 文法1巻8号, 46-47p

・芳賀 綏(1969), 日本文法教室, 東京堂

・松村 明(1969), 推量, 現代語・古典語の助詞助動詞詳説, 155-242p

・五十嵐三郎(1969), II助動詞・動詞, 講座解釈と文法3, 「源氏物語・枕草子」, 明治書院, 156-184p

・佐田智明(1969), 中世の注釈書における推量語の把握 --古今秘註抄を中心に--, 福田良輔教授退官記念論文集

・佐田智明(1969.10), 中世の注釈書における推量語の把握 --古今秘註抄を中心に--, 福田良輔 教授退官 記念論文集, 331-349p

・阪田雪子(1969.5), 助動詞を中心とする表現上の問題(2) --推量・様態・伝聞・比況の表現付, 過去の表現--, 国文学 解釈と教材の研究, 臨時増刊号, vol.14, no.7, 155-163p

・室山敏昭(1969.6), 京都府竹原郡丹後町平安方言の「ダ」ことばについて, 「国語学」77, 87p

・飛田良文(1969.12), 西洋道中栗毛における指定表現体系の実態, 月刊 文法 2巻2号, 10-19p

・山口佳紀(1969.12), 平安時代語の源流について, 東大人文科学科 紀要48号, 昭44.12, 69-114p

・土屋信一(1969.6), 江戸語の「だ」の用法, 佐伯梅友博士古稀記念 国語学論集, 表現社, 575-592p

・小林好日(1970), 日本文法史, 刀江書院

・永野 賢(1970), 「日本文法の研究 東京堂

・神谷馨(1970.6), 現代における推量表現, 月刊 文法, 75-83p

・飛田良文(1970.8), 明治初期 東京語の指定表現体系 --方言と社会構造との関係-, 方言研究の問題点, 平山輝男還歴記念会, 明治書院, 902-922p

・浅野百合子(1970-76), 類義語考4-12, 日本語教育研究1号-14号

・吉田金彦(1971), 現代語助動詞の史的研究, 明治書院

・-------(1973), 上代助動詞の史的研究, 明治書院

・-------(1977), 国語意味史序説, 明治書院

・原口 裕(1971.10), 活用語に接続する「ラシイ」, 語文研究31.32, 182-196p

・------(1972.7), 江戸語の推量形, 静岡女子大学 国文研究6, 79-89p

・荒木雅実(1971.11), 「げな」の性格, 国学院高等学校 紀要, 51-68

・編集部(1971.12), ＜お答え＞「-のです」「-ので」「-のでしよう」のグループ
　　　　について, 日本語教育研究4号, 言語文化研究所, 69-72p

・藤岡教登(1971.5), 文相当の単位を承接するもの --「ダロウ・ヨウダ・ラ
　　　　シイ」等--, 国語学86,

・西出郁代(1971.6), 「研究　ノート」1 --「ラシイ」および「そうだ」--, 日本語・
　　　　日本文化1号, 大阪外大 研究留学生 別科, 18-29p

・-------(1972), 研究　ノート2 --「ようだ」による表現--, 上同 3号, 32-42p

・蜂谷　清人(1971.9), 助動詞「う」「うず」「うずる」の語形用法に関する
　　　　一考察 --狂言古本を中心に--, 国語学86, 7-19p

・佐田知明(1972), 中世末期の「サウナ」について, 北九州大学開学二十
　　　　五周年 記念論文集, 107-123p

・小林幸江(1972), 推量の表現及びそれと呼応する副詞について, 日本
　　　　語学校論集7号, 東京外大附 日本語学校, 3-22p

・宮地　裕(1972.9), 助動詞とは何か, 鈴木一彦・林巨樹編集,品詞別日
　　　　本文法講座7助動詞I, 明治書院, 1-53p

・吉田金彦(1972.9), 助動詞の変遷, 上同, 56-87p

・辻村敏樹(1972.9), 助動詞と敬語法, 上同, 89-104p

・鈴木英夫(1972.9), 指定の助動詞, 上同, 105-130p

・西尾寅弥(1972.9), 打消の助動詞, 上同, 132-150p

・桜井光昭(1972.9), 推量の助動詞, 上同, 151-221p

・金田　弘(1972.12), 敬譲の助動詞, 鈴木一彦・林巨樹編集, 品詞別日
　　　　本文法講座8, 助動詞II, 明治書院, 72-87p

・北原保雄(1972.12), 比況の助動詞, 上同, 112-132p

・三上　章(1972), 現代語法新説, くろしお出版社,

・松村　明(1972), 国語史概説, 秀英出版

・和久井生一(1972.10), 「だ」論考(その一) -- 現代口語「だ」の成立 --, 語学
　　　　研究1, 123-155p

・佐田智明(1972.12), 中世末期の「サウナ」について, 北九州大学開学
　　　　二十五周年 記念論文集, 107-123p

・此島正年(1973), 国語助動詞の研究, 桜楓社
・仙波光明(1973.6), 「げな」と「さうな」 --様態表現から伝聞表現への過程--,
　　　　国語学会研究発表会要旨, 85-86p
・西尾寅弥(1973.12), 現代語彙における同義語, 国立国語研究所論集
　　　　ことばの研究4集, 秀英出版 1-14p
・南不二男(1974), 現代日本語の構造, 大修館書店
・-------(1993), 現代日本語文法の輪郭, 大修館書店
・渡辺 実(1974), 国語構文論, 塙書房, 2刷
・小島俊夫(1974), 後期江戸ことばの敬語体系, 笠間書院
・阪倉篤義(1974), 日本文法の話, 教育出版
・北原保雄(1975), 修飾成分の種類, 国語学103
・三浦つとむ(1975), 日本語の文法, 勁草書房
・日野資純(1975), 「雨がふりそうだ」と「雨がふるそうだ」「雨がふりそ
　　　　うだ」と「雨がふるそうだ」 --二つの「そうだ」の違いは何か--, 大久保忠
　　　　利 外, 新日本語講座2, 汐文社, 47-61p
・沢田治美(1975), 日英語主観的助動詞の構文論的考察 --特に「表現性」
　　　　を中心として--, 日本言語学会, 言語研究68, 75-103p
・福島邦道(1975.2), 助動詞「よう」再論, 実践国文学7巻, 71-64p,1-8p
・山田 潔(1975.7), 史記抄における助動詞「ウ」「ウズ」の考察, 国学院
　　　　雑誌76巻7号, 41-52p
・阪倉篤義(1976), 推量 助動詞, 改稿日本文法の話, 4刷, 教育出版, 266-270p
・殿塚照美・野口マリ(1976), 「伝聞・様態・推量」の「よう・そう・ら
　　　　しい」について, 研修184.185号, 16-20p, 13-16p
・山田 潔(1976.1), 蒙求抄における助動詞「ウ」「ウズ」の考察, --史記抄と
　　　　の比較を通して--, 学芸国語国文学12巻, 33-40p
・仙波光明(1976.12), 終止連体形接属の「げな」と「さうな」 --伝聞用法の発
　　　　生から定着まで--, 佐伯梅友博士喜寿記念 国語学論集, 表現社, 513-535p
・堀田要治(1976.6), なり・だ・である(指定判断の辞) --不死鳥 `あり` の
　　　　たどる道--, 武蔵大 人文学会雑誌 7巻34号, 39-54p
・大野晋 外(1977), 日本語7 文法2, 岩波書店, う. よう. だろう. ま
　　　　しょう. でしょう. らしい. べし. そうだ. まい. みたいだ. ふうだ.

ようだ. だ. だった. のに. です, 168-189p
・森田良行(1977), 基礎日本語1, 角川書店
・-------(1980), 基礎日本語2, 角川書店 「-がち」「-ぎみ」, 97〜98p
・-------(1984), 基礎日本語3, 角川書店
・佐藤喜代治(1977), 助動詞, 日本文法要論, 朝倉書店, 51-70p
・佐藤忠男(1977.11), 「である」と「です・ます」, 月刊 ことば1巻1号,
　　　41-46p
・藤沢伸介, 言語行動における「だ」の用法の分析, 言語研究71, 74-75p
・沢田治美(1978), 日英語文副詞類(Sentence Adverbials)の対照言語学的
　　　研究 --Speech act理論の視点から--, 言語研究74
・池上嘉彦(1978), 同音性と多義性, 意味の世界 --現代言語学から視る--,
　　　NHKブックス 330, 日本放送出版協会, 86-88p
・相馬裕次(1978.12), 断定の助動詞「だ」の連体形について, 月刊 成磎
　　　国文12, 45-50p
・生田目弥寿(1979), 共同研究(「日本語表現文典」作成)から‘推量を表
　　　す言い方’, 紀要第4号, 国際学友会日本語学校, 1-5p
・宮地幸一(1979), 助動詞「さうだ」考 --滑稽本詞章の考察--, 田邊博士 国
　　　語助詞助動詞論叢, 桜楓社, 595-614p
・寺村秀夫(1979), ム-ドの形式と意味(1) --概言的報道表現--, 文芸言語研
　　　究4巻, 筑波大学文芸言語系, 67-87p
・城田 俊(1979), 助動詞の意味, 国語学117号, 国語学会, 1-17p
・新川 忠(1979),「副詞と動詞のくみあわせ」試論, 言語学研究会, 言語の
　　　研究
・塚原鉄雄(1979), 推量の助動詞 --その国語史的考察--, 論集日本語研究7,
　　　梅原共則, 有精堂, 139-148p, 国語国文26巻 8号, 1957, 7月
・橋本進吉(1979.2), 推量の助動詞, 助詞・助動詞の研究, 岩波書店, 400-411p
・丹保健一(1980), 否定表現の文法(1) --否定内容と文構造とをめぐって--, 三
　　　重大学教育学部 研究紀要 人文科学31-2
・-------(1984), 副詞の意味記述 --「かならず」「きっと」の意味用法の違いに着目
　　　して--, 国語学研究24
・柏岡珠子(1980), ヨウダとラシイに関する一考察, 日本語教育41

・小林幸江(1980), 推量の表現及びそれと呼応する副詞について, 日本
　　語学校論集7
・中右　実(1980), 文副詞の比較, 国広哲弥編, 日英語比較講座　第2巻
　　文法, 大修館書店
・倉持保男(1980), `推量`項, 教師用日本語教育　ハンドブック④　文
　　法2 --助動詞を中心にして--, 国際交流基金
・-------(1982), `推量`項, 日本語教育事典, 日本語教育学会
・阪田雪子(1980), 様態を表す言い方 --そうだ--, 上同
・平野尊識(1980.11), 助動詞そうだについての考察, 山口大学会誌31, 77-83p
・奥津敬一郎(1980.2), 「ダ」の文法<「国語学」「国文法」と「言語学」>, 言
　　語9巻2, 4-9p
・栢岡珠子(1980.7), ヨウダとラシイに関する一考察, 日本語教育41号,
　　日本語教育学会, 169-178p
・片村恒雄(1980.10), 芥川龍之介の初期小説における文末指定表現
　　--「である」体作品の中の「だ」について--, 解釈26巻　70号, 36-41p
・山田雅子(1980.11), 「さま」と「やう」の用法, 武庫川国文18巻, 45-52p
・坪井美樹(1981), 形容動詞活用語尾と断定の助動詞 --歴史的変遷過程に
　　おける相偉の確認--, 馬淵和夫博士　退官記念　国語学論集, 705-728p
・鈴木二三雄(1981), 漱石文学初期の文体研究 --助動詞「ようだ」を中心に--,
　　島田勇雄先生古稀記念ことばの論文集, 明治書院, 344-359p
・北原保雄(1981), 日本語助動詞の研究, 大修館
・仁田義雄(1981), 可能性・蓋然性を表す疑似ムード, 国語と国文学58-5
・-------(1989), 現代日本語文のモダリティの体系と構造, 仁田義雄・
　　益岡隆志編, 日本語のモダリティ, くろしお出版
・-------(1999), モダリティを求めて, 月刊　言語28-6
・片村恒雄(1981), 「のである」と「からである」 --小説における理由表現をめ
　　ぐって--, 島田勇雄先生古稀記念　ことばの論文集, 268-286p
・村上昭子(1981.3), 接尾辞ラシイの成立, 「国語学」124, 18-27p
・坂口至(1981.6), 助動詞ヨウの成立以前, 文献探究8巻, 1-14p
・飯島周(1981.3), 日本語における終結詞「ダ」の機能について, 英文summary,
　　跡見学国女子大学　紀要14号, 230-219p

・条崎一郎(1981.6), 「ハズ」の意味について, 日本語教育44号, 43-56p

・Janet Ashby(1981.9), 日本語らしい「らしい」, 飜訳の世界6巻9, 36p

・本田 治(1981a), 日本語の否定構文(1) --「否定副詞」の分布をめぐって(前) --, 静岡大学教養部 研究報告 人文・社会科学篇17-1

・------(1981b), 日本語の否定構文(1) --「否定副詞」の分布をめぐって(2)--, 上同, 17-2

・工藤 浩(1982), 叙法副詞の意味と機能 --その記述方法をもとめて--, 国立国語研究所報告71 研究報告集３, 秀英出版

・------(1983), 程度副詞をめぐって, 渡辺実 編, 副用語の研究, 明治書院

・国広哲弥(1982), ことばの意味3, 平凡社選書73, ヨウダ. ラシイ. ダロウ. チガイナイ. ハズダタメニ. ヨウニ, 87-111p

・浜田留美(1982), 推量の表現から日本語の構造をさぐる, 国際学友会日本語学校, 紀要7号, 35-43p

・寺村秀夫(1982), 心的態度(ム-ド)の表現, 日本語の文法(上), 国立国語研究所, 97-101p

・柴田 武(1982), ようだ・らしい・だろう, ことばの意味3, 国広哲弥, 平凡社選書

・原田登美(1982), 否定との関係による副詞の四分類 --情態副詞・程度副詞の種々相--, 国語学128,

・虫明吉治郎(1982.3), 助動詞ウ・ヨウ, 操山論叢17巻, 13-20p

・杉本和之(1982.6), 目的・結果・依頼の「ように」, 日本語教育47号, 日本語教育学会, 115-116p

・崎山 理(1982.12), 日本語はどこから来たか, 国文学 解釈と教材の研究, 36-41p

・鈴木英夫(1982.12), 現代共通語をつくり出したのは誰か, 国文学 解釈と教材の研究, 52-56p

・森田良行(1983), 「少し酔ったようだ」か「少し酔ったらしい」か, 日本語表現, 倉林社, 119-173p

・------------,「先生も賛成らしかった」か「先生も賛成だったらしい」か, 上同, 174-180p

・新藤一男(1983),「あまり」の文法, 山形大学 紀要 人文科学10-2

・田中敏生(1983), 否定述語・不確定述語の作用面と対象面 --陳述副詞
　　　の呼応の内実を求めて--, 日本語学2-10

・寿岳章子(1983.6), 日本人のキイワ-ド「らしさ」, 国語学133集, 45-54p

・田中　望(1983.9), 文末表現の解釈 --語用論の立張から--, 日本語学, 明治
　　　書院, 45-51p

・鶴橋俊宏(1984), 江戸語の推量表現について --明和期～寛政期の洒落本を
　　　資料として--, 野州国文学46, 93-117p

・寺村秀夫(1984), 日本語のシンタクスと意味Ⅱ, くろしお出版

・松村　明(1984), 古典語・現代語　助詞助動詞詳説, 学灯社, 5版

・奥村三雄(1984), `まい項`, 上同

・外山映次(1984), `う　よう項`, 古典語・現代語　助詞助動詞詳説5版
　　　所収, 学灯社

・マクグロイン・H・直美(1984. 1), 談話・文章における「のです」の桟
　　　能, シリ-ズ日本語の談話分析, 言語, 254-260p

・野田尚史(1984.10), 「にちがいない」「かもしらない」「はずだ」, 日本語学,
　　　明治書院, 111-119p

・-------(1995), 現場依存の視点と文脈依存の視点, 仁田義雄編, 複文の
　　　研究, くろしお出版

・奥田靖雄(1984.12), おしはかり(一), 日本語学, 明治書院, 54-69p

・-------(1985.2), おしはかり(二), 上同, 48-62p

・小川輝夫(1984a), 否定表現の原理, 文教国文学14

・-------(1984b), 否定誘導表現 --陳述副詞の機能再考--, 文教国文学15

・加藤常賢(1985), 漢字の起源, 15版, 角川書店, 「様」(875p)

・高橋太郎(1985), 国立国語研究所　報告82, 現代日本語動詞のアスペ
　　　クトとテンス, 秀英出版

・武田　孝(1985), 推量の助動詞, 研究資料日本文法⑦助詞論(三), 助
　　　詞・助動詞辞典, 明治書院, 古典語　む(ん), むず(んず), らむ(ら
　　　ん), けむ(けん), 現代語う,よう,らしい,まい, 19-47p

・武田　孝(1985), 推量の助動詞, 研究資料日本文法, 明治書院

・曾我松男(1985.4), モダリティの範疇についての一考察, 日本語教育57
　　　号, 91-94p

・徳田政信(1986), 発想と叙法, 新訂日本文法論, 風間書房, 247-288p
・高山善行(1986), ＜推定表現＞と＜質問表現＞の交渉, 待兼山論叢20号, 文学篇, 大阪大文学部, 1-19p
・佐治圭三(1986), 「必ず」の共起の条件 --「きっと」「絶対に」「どうしても」との対比において--, 同志社女子大学 学術研究年報37-4
・-------(1992), 外国人が間違えやすい日本語の表現の研究, ひつじ書房
・福島泰正(1986.2), 月刊 言語生活411号, 筑摩書房, 「推定」と「みる」の比重
・石神照雄(1987), 陳述副詞の修飾, 寺村秀夫外編, ケーススタディ日本文法, おうふう 所収
・益岡隆志(1987), モダリティの構造と意味 --価値判断のモダリティをめぐって--, 日本語学6-7
・-------(1999), 命題との境界を求めて, 月刊 言語28-6
・田窪行則(1987), 統語構造と文脈情報, 日本語学6-5
・田中俊子(1988), いわゆる推量のラシイとヨウダ --モダリティの強弱とコトの内容の構造の観点から--, 日本語教育研究論集3号, 東北大学, 57-70p
・重見一行(1988), 「む」は「推量」か, 国語国文642号, 57巻2号, 31-50p
・早津恵美子(1988.4), 「らしい」と「ようだ」, 日本語学, 明治書院, 46-61p
・高山善行(1988.10), ＜係り結び＞と＜推量の助動詞＞ --中古語における文表現と助動詞層との交渉--, 語文51, 35-51p
・黒田徹・宇田川義明(1988.7), 「らしい」と「ようだ」は「だろう」と違う, 国文学 解釈と鑑賞53巻 7号, 至文堂, 92-97p
・近藤泰弘(1989), 「ムード」, 講座日本語と日本語教育4, 明治書院, 226-246p
・糸川 優(1989), 陳述副詞の本質, 青山語文19
・森山卓郎(1989), 認識のムードとその周辺, 仁田義雄 外編 日本語のモダリティ, くろしお出版
・-------(1992a), 日本語における「推量」をめぐって, 言語研究101
・-------(1992b), 文末思考動詞「思う」をめぐって --文の意味としての主観性・客観性--, 日本語学11-9
・-------(1995), ト思ウ・ハズダ・ニチガイナイ・ダロウ・副詞-φ, 日本語の類義表現の文法(上), くろしお出版

· 森田良行・松木正慧(1989), 日本語表現文型, 株式会社アルク

· 石神照雄(1990), 否定と構文, 日本語学9-12

· 田野村忠温(1990), 文における判断をめぐって, アジアの諸言語と一般
　　　　言語学, 三省堂

· ---------(1994), 「らしい」と「ようだ」の意味の相違について, 成蹊人文
　　　　研究2

· 中畠孝幸(1990), 不確かな判断 --ラシイとヨウダ--, 三重大学日本語学文学1

· -------(1991), 不確かな様相 --ヨウダとソウダ--, 三重大学日本語学文学2

· -------(1993), 確かさの度合い --カモシレナイ・ニチガイナイ--, 三重大学日
　　　　本語学文学4

· 阪田雪子・倉持保男(1990), 伝聞, 推量, 推定, 推測, 様態を表す言
　　　　い方, 教師用日本語教育　ハンドブック④「文法2」 --助動詞を中心
　　　　にして--, 国際交流基金, 106-138p, 48-85p

· 竹内美智子(1990. 5), 日本人の心情表現と和語 --形容詞による心情表現
　　　　--, ことばシリ-ズ8, 「和語・漢語」, 文化庁, 37-47p

· 金原鎬(1990.11), 「お-になる」型と「れる」型敬語考, 日本学報25, 韓
　　　　国日本学会

· 宮崎和人(1991), 判断のモダリティをめぐって, 新居浜高等専門学校
　　　　紀要　人文科学編27

· -------(1992), 現代日本語の判定文について, 広島修大論集人文編32-2

· 益岡隆志(1991), モダリティの文法, くろしお出版

· 仁田義雄(1991), 日本語のモダリティと人称, ひつじ書房

· 山口尭二(1991.6), 「推量体系の史的変容」, 国語学165, 国語学会, 26-37p

· 大鹿薫久(1992), 「かもしれない」と「にちがいない」 --叙法的意味の一端--,
　　　　ことばとことのは9, 和泉書院

· -------(1993), 推量と「かもしれない」「にちがいない」 --叙法の体系化をめ
　　　　ざして--, ことばとことのは10, いずみ書院

· 三宅知宏(1992), 認識的モダリティにおける可能性判断について, 待
　　　　兼山論叢　日本学編26

· -------(1993), 認識的モダリティにおける確信的判断について, 語文61

· -------(1994), 認識的モダリティにおける実証的判断について, 国語国

文63-11

· -------(1995), 「推量」について, 「国語学」183,

· 小林典子(1992), 「必ず・確かに・確か・きっと・ぜひ」の意味分析, 筑波大学留学生センター日本語教育論集7

· 原由起子(1992), 中国語副詞'並'と日本語の'決して', 日本語と中国語の対照研究 論文集(下), くろしお出版

· 森山卓郎(1992.3), 日本語における「推量」をめぐって, 言語研究101巻, 63-83p

· 田中俊子(1993), 「カモシレナイ」について, 東北大学留学生センター 紀要1

· 近藤泰弘(1993.2), 「推量表現の変遷」, 月刊 言語255号, 大修館, 68-74p

· 前田直子(1993.3), 目的を表す従属節「-するように」の意味用法 --様態用法から結果目的用法へ--, 日本語教育79号, 102-113p

· 佐伯哲夫(1993.9), ウとダロウの職能分化史, 「国語学」174, 16-27p

· 石神照雄(1993.9), 推量の認識と構文, 国語学174, 28-41p

· 梅林博人(1994), 副詞「全然」の呼応について, 国文学 解釈と鑑賞59-7

· 森本順子(1994), 話し手の主観を表す副詞について, くろしお出版

· 中右 実(1994), 認知意味論の原理, 大修館書店

· 三原健一(1995), 慨言のムード表現と連体修飾語, 仁田義雄編, 複文の研究, くろしお出版

· 須賀一好(1995), 「かもしれない」の意味と蓋然性, 山形大学 紀要 人文科学13-2

· 劉女青(1996), 陳述副詞の研究 --話し手の確信度を表す副詞を中心に--, 名古屋大学修士学位論文

· 深尾まどか(1996), 「やはり」「やっぱり」について, 名古屋学院大学 日本語学・日本語教育 論集3

· 案野香子(1996), 副詞の問題点, 国文学 解釈と鑑賞61- 1

· 坂口和寛(1996), 副詞の語意的意味が統語的現象に与える影響 --働きかけ文での共起関係を中心に--, 日本語教育91

· 堀和佳子(1997), 程度・量を規定する副詞について, 名古屋学院大学 日本語学・日本語教育論集4

· 杉村泰(1997), 副詞「キット」と「カナラズ」のモダリティ階層 --タブン/タイテイとの並行性--, 世界の日本語教育7

· -------(1998a), 真偽判断を表わすモダリティ副詞「モシカスルト」と「ヒョッ
　　　トスルト」の研究, 日本語教育98
· -------(1998b), 否定構文に現れる副詞とモダリティ, ことばの科学11
· -------(1999), 事態の蓋然性と判断の蓋然性, ことばの科学12
· -------(2000), ヨウダとソウダの主観性, 言語文化論集22-1
· 安達太郎(1997), 副詞が文末形式に与える影響, 広島女子大学　国際
　　　文化学部　紀要, 新輯3
· 佐野由紀子(1997), 程度副詞の名詞修飾について, 大阪大学　日本学
　　　報16
· ---------(1998a), 程度限定における「主観性」について, 現代日本語研究5
· ---------(1998b), 程度副詞と主体変化動詞との共起, 日本語科学3
· ---------(1998c), 比較に関わる程度副詞について, 国語学195
· ---------(1999), 程度副詞との共起関係による状態性述語の分類, 現代
　　　日本語研究6
· 木下りか(1998), 「真偽判断」を表す文末形式と「既定性」, ことばの科学11
· ------(1998), 文末における「真偽判断のモダリティ」形式の意味, 名古
　　　屋大学博士学位論文
· 大島資生(1999), 現代語における主格の「の」について, 国語学199
· 小坂光一(1999), 意志の客観的描写としての「(よ)うとしている」, こ
　　　とばの科学12
· 野林靖彦(1999), 類義のモダリティ形式「ヨウダ」「ラシイ」「ソウダ」--
　　　三水準にわたる重層的考察--, 国語学197
· 高山善行(2000), モダリティ助動詞の相互承接　--「源氏物語」における--,
　　　大手前女子大学　論集33
· 北沢尚・小林正行・顧暁琳(2003), 「春秋左氏伝国字弁」の国語学的研
　　　究 --断定の助動詞について--, 東京学芸大学　紀要　人文科学54
· 北沢尚・宮沢太聡(2004), 明治初期読売新聞の国語学的研究 --断定の
　　　助動詞について--, 東京学芸大学　紀要　第2部門　人文科学55
· Greenbaum, Sydney(1969), Studies in English Adverbial Usage. London:
　　　Longman (郡司利男・鈴木英一訳, 『英語副詞の用法』, 研究社)
· Makino, Seiichi and Michio Tsutsui(1995), A Dictionary of Intermediate

Japanese Grammar. Tokyo: The Japan Times

· Palmer, F. R.(1986), Mood and Modality. Cambridge: Cambridge
  University Press

• 색인 •

이 <색인>편에는 일본어의 여러 가지 표현(表現)과 어법(語法)에 대한 어휘(語彙)·어구(語句)·용어(用語)·문형(文型)·사항(事項) 등이 실려 있다. [한국어] [일본어]로 나누어 쉽게 찾아볼 수 있도록 배열해 두었다.

[한국어]

〔일본어〕

김원호

▌약력

한국외국어대 일어과 졸업
한국외국어대 문학박사
早稲田(와세다)大 객원연구원('90.4~'91.3, '99.2~'00.1)
현, 울산대 일본어·일본학과 교수

▌주요논문 및 저서

「お~になる」型と「れる」型敬語考(1990,『日本学報』25집)
受身助動詞의 '모델'분류(2001,『日本研究』17호)
「ましょう」와「でしょう」의'ムード形式'(2002,『日本研究』19호)
当然·義務·必然의 表現考(2005,『日本研究』24호) 등 17편
『일본어표현연구방법론』(2001. 8, UUP)
『일본어명문선주해』(Ⅰ)(Ⅱ)(2003, 2004, UUP)
『일본어`머리말`문장산책』(Ⅰ)~(Ⅴ)(2005, 2006, UUP)
『기초일본어작문』(2000. 3, 학문출판)
『중급일본어작문』(2000. 9, 내하출판) 등 18편

*지금은 일본어의「의미」와「표현」에 대하여 더욱 연찬에 몰두하고 있을 뿐만 아니라
독창적인 언어교육방법에도 힘을 쏟고 있다.
현재 울산대학교 인문대학 일본어·일본학과의 교수로 재직 중에 있다.
<e-mail> whkim@uou.ulsan.ac.kr

일본어 표현과 어법

일 본 어 바로알기

초판인쇄 ｜ 2009년 2월 25일
초판발행 ｜ 2009년 2월 25일

지은이 ｜ 김원호
펴낸이 ｜ 채종준
펴낸곳 ｜ 한국학술정보㈜
주 소 ｜ 경기도 파주시 교하읍 문발리 513-5 파주출판문화정보산업단지
전 화 ｜ 031) 908-3181(대표)
팩 스 ｜ 031) 908-3189
홈페이지 ｜ http://www.kstudy.com
E-mail ｜ 출판사업부 publish@kstudy.com

등 록 ｜ 25,000원
가 격 ｜

ISBN 978-89-534-1030-5 93730 (Paper Book)
　　　 978-89-534-1034-3 98730 (e-Book)